Nikolaus Lenz

1000 supercoole
Witze

Nikolaus Lenz

1000 supercoole **Witze**

*Mit Illustrationen
von Hans-Jürgen Feldhaus*

Inhalt

- Angeber unter sich 7
- Dumme Frage 22
- Echt sportlich 43
- Die liebe Familie 51
- Schwere Jungs 72
- So ein Unsinn 92
- Der Onkel Doktor 114
- So ein Pech! 135
- Unterwegs 156
- Immer diese Schule! 175
- Allerlei Getier 195
- Witzig, aber wahr 213
- Allerhand Anschläge 233
- Aus Schülermund 241

Angeber unter sich

„Früher war ich mal im Zirkus", erzählt Heiner.
„Ich hatte eine tolle Nummer!"
„Was für eine Nummer?", will Holger wissen.
„Ich habe vom 10-Meter-Turm einen Kopfsprung auf einen nassen Badeschwamm gemacht. Dabei hatte ich einen Unfall und habe mir fast alle Knochen gebrochen."
„Wie denn das?"
„Irgendein Idiot hat vorher den Schwamm ausgedrückt!"

„Stell dir vor, gestern bin ich aus dem Schlafzimmerfenster gefallen!"
„Unglaublich! Und du lebst noch?"
„Warum nicht? Wir wohnen doch in einem Bungalow."

„Da hat man mich also in die Polizeizelle geworfen", erzählt Hugo in der Kneipe. „Die Hände am Rücken gefesselt. Fast aussichtslos, die Lage. Und was mache ich? Streife die Schuhe ab, streife die Socken ab, stecke die große Zehe in das Schlüsselloch, drehe sie um, und **ZACK!**"
„Was, Hugo, du hast das Schloss gebrochen?"
„Nein", sagt Hugo, „die große Zehe."

„Ihr Jungen haltet ja überhaupt nichts mehr aus", sagt der alte Geselle zu den Azubis. „Gleich macht ihr schlapp. Als ich Lehrling war, da war alles noch ganz anders. Da hieß es Zupacken. Wenn nötig, 25 Stunden am Tag!"
„Kommen Sie schon, der Tag hat doch nur 24 Stunden."
„Weiß ich, weiß ich", brüstet sich der alte Geselle. „Wir haben eben eine Stunde früher angefangen!"

Ein Irrer guckt beim Fenster der Nervenheilanstalt hinaus und was sieht er? Einen Mann, der unten am Fluss seine Angel auswirft. Und wartet. Und die Leine wieder einholt. Und wieder auswirft. Und wieder wartet.

„Hallo Sie da", ruft der Irre, „wie heißt denn das, was Sie da machen?"

„Ich angle", ruft der Angler zurück und wirft die Leine wieder aus.

„Aha", sagt der Irre, „und wie lange machen Sie das heute schon?"

„Na, so um die fünf Stunden!"

„Wissen Sie was", ruft da der Irre. „Kommen Sie doch rein. Wir haben noch Plätze frei."

Der Bürgermeister gibt ein großes Bankett. Herr Pimpfl hat auch eine Einladung. Er macht sich fein. Sein Tischnachbar ist ein Afrikaner. Herr Pimpfl ist ein freundlicher Mann und als die Speisen aufgetragen werden, wendet er sich an den schwarzen Mann und sagt: „Na? *Hamham* gut?"

Nun werden die Weine kredenzt und Herr Pimpfl sagt zu seinem schwarzen Nachbarn: „*Gluckgluck* gut?" Dann kommen die Reden. Und auch der Afrikaner erhebt sich. „Verehrte Anwesende", sagt er, „möge sich die Zusammenarbeit zwischen unseren Regionen auf das Gedeihlichste entwickeln. Und möge dieser Abend dazu dienen, gegenseitige Missverständnisse und Vorurteile abzubauen!"

Dann kehrt er auf seinen Platz zurück, setzt sich und fragt Herrn Pimpfl: „Na? *Blabla* gut?"

Der Großwildjäger führt seine Gäste in den Salon und deutet auf einen mächtigen ausgestopften Löwenkopf über dem Kamin.

„Diesen prächtigen Burschen da wollte ich eigentlich gar nicht erlegen", brüstet sich der Jäger.

„Aber als wir uns dann in der Steppe Aug in Aug gegenüberstanden, da hieß es: Entweder er oder ich! Und so schoss ich."

„Das war eine richtige Entscheidung", sagt der Gast. „Ihr Kopf hätte sich auf dem Kamin längst nicht so gut gemacht!"

In der Kneipe sitzt ein älterer Herr mit einer gewaltig großen Nase; ihm gegenüber ein Jüngling, der den Mann mit der Nase unverschämt frech anstarrt.

„Ist was?", fragt der Herr mit der Nase.

„Na", lacht der Jüngling, „ich frage mich die ganze Zeit, wie Sie zu Ihrer Rübe im Gesicht gekommen sind!"

„Kann ich dir sagen", sagt der Herr mit der Nase. „Als Gott der Herr einstmals die Nasen an die Menschen verteilt hat, da waren wir beide die Letzten in der Reihe. Und es gab nur noch zwei Nasen: eine große und eine kleine. Ich habe natürlich sofort nach der kleinen Nase gegriffen – und sie ist mir sofort wieder aus der Hand gerutscht. Da habe ich die große genommen."

„Und warum ist sie aus der Hand gerutscht?", fragt der Jüngling.

„Die kleine Nase", sagt der Herr, „war 'ne Rotznase."

"Na, was sagst du zu meinem neuen Hemd?", fragt Heiner.
"Fällt dir was auf?"
"Nichts Besonderes", sagt Holger.
"Na hör mal", sagt Heiner, "so ein Hemd hat nicht jeder.
Es ist fliederfarben!"
"Aber es ist doch blütenweiß!", sagt Holger.
"Ignorant!", ruft Heiner beleidigt. "Noch nie was von
weißem Flieder gehört?"

)–⊙→ Zwei Schriftsteller unterhalten sich.

„Normalerweise sprudeln die Ideen aus mir nur so heraus", sagt der eine. „Selten, ganz selten kann es vorkommen, dass mir absolut nichts Gescheites einfällt."

„Stimmt", sagt der andere. „Genau dieses Buch habe ich gelesen."

McKnauser ist so sparsam, wie je nur ein
Schotte war. Und auch beim Zugfahren
will er so billig wie möglich davonkommen.
Was bedeutet – er hat wieder kein Billett gekauft.
„Keine Fahrkarte?", sagt der Schaffner im Zug.
„Mein Herr, das wird etwas teurer!"
Doch McKnauser stellt sich taub. Er denkt nicht daran,
irgendetwas zu zahlen. Da packt den Schaffner die Wut.
Er nimmt den Koffer und hängt ihn beim Fenster hinaus.
McKnauser bricht sein Schweigen. „So eine Gemeinheit!",
schreit er. „Zuerst will man mich ausrauben. Und dann noch
meinen kleinen Sohn aus dem Fenster werfen!"

☙―◐→ „Eigentlich sind Sie ja ein brauchbarer Mann", sagt der Vorgesetzte zum Soldaten. „Und wenn Sie nicht dauernd besoffen wären, könnten Sie es leicht zum Offizier bringen."

„Ach wissen Sie", sagt der Soldat, „wenn ich besoffen bin, da bin ich sogar General!"

Im Wilden Westen. Cowboy Jim ist vom Pferd gefallen, hat sich das Bein gebrochen und liegt mutterseelenallein in der weiten Prärie. Der Gaul ist auch durchgegangen und Jim ist völlig hilflos. Da kommt ein stolzer Indianer, bringt ihm Wasser und verbindet ihm das Bein.

„Wie ist dein Name?", fragt Jim seinen Retter.

„Mein Name", verkündet der stolze Indianer, „mein Name lautet: Stolzer-Adler-mit-mächtigen-Schwingen-der-bei-Sonnenuntergang-auf-die-Erde-stürzt."

„Ach", sagt Jim, „und wie nennen dich deine Eltern?"

„Meine Eltern nennen mich Plumps."

Opa Homann feiert seinen **99. Geburtstag**. Der Reporter vom Kreisboten macht ein Interview mit dem rüstigen Greis.

„Unsere Leser wollen sicher wissen, was das Geheimnis Ihrer erstaunlichen Gesundheit und Frische ist."

„Ganz einfach", sagt Opa Homann. „Ich stehe vom Bett auf, sobald der erste Sonnenstrahl in mein Schlafzimmer fällt."

„Toll!", sagt der Reporter. „Ein echter Frühaufsteher also!"

„Keineswegs", sagt Opa Homann. „Meine Fenster gehen nach Westen."

⌒–⊙→ „Entschuldigen Sie, Herr Schwerlich", sagt der Nachbar, „ich habe Sie neulich in einem riesigen Kranwagen gesehen. Kann das sein?"
„Natürlich", sagt Herr Schwerlich. „Ich habe einen neuen Job. Ich bin Rausschmeißer in einem Kino."
„Und dazu brauchen Sie einen Kranwagen?"
„Klar", sagt Herr Schwerlich. „Es ist ein Autokino."

Anton bewirbt sich um einen neuen Job.
„Und ich sag Ihnen doch", beschwört er den Direktor der Firma, „ich bin der perfekte Nachtwächter!"
„Woher wollen Sie das wissen?"
„Beim kleinsten Geräusch werde ich wach!"

Herr und Frau Blödel gehen heute mal ganz fein aus. Aber beim Essen im Restaurant gibt es gewisse Schwierigkeiten.
„Verflixt noch einmal!", schimpft Herr Blödel. „Diese blöden Erbsen rollen mir dauernd vom Messer runter!"
„Pssst", zischt Frau Blödel. „Hast du denn keine Manieren. Wozu gibt es denn einen Löffel? Mit dem muss man die Erbsen vorher flach klopfen!"

Ein Tourist kommt zum ersten Mal nach Texas. Neugierig betritt er den Saloon.
„So etwas", sagt er zum Barkeeper, „so dick Sägespäne auf dem Boden!"
„Wissen Sie", sagt der Barkeeper, „heute sind es Sägespäne. Gestern, vor der Keilerei, waren es noch Tische."

Otto hat von seiner Amerikareise eine Pfeife mitgebracht. Jetzt zeigt er sie einem Experten im Museum für Völkerkunde.
„Das ist eine original indianische Friedenspfeife", erzählt er seinem Freund voller Stolz. „Sie stammt von Sitting Bull persönlich. Ich habe die Pfeife von einem uralten Indianer gegen meinen Fotoapparat getauscht. Nur, was diese Inschrift bedeutet, das wusste der Alte auch nicht zu sagen."
Der Fachmann nimmt die Pfeife und studiert die Schriftzeichen.
„Na, was steht denn da?", fragt Otto aufgeregt.
„Da steht", sagt der Experte, *„Warnung des Gesundheitsministers. Rauchen gefährdet Ihre Gesundheit."*

Drei Zwerge streiten. Jeder von ihnen behauptet, den kleinsten Vater zu haben.
„Mein Vater", ruft Zwerg Bumsti, „ist so klein, dass er sich den Kopf ständig an der Tischplatte stößt!"
„Das ist noch gar nichts", sagt Zwerg Lumpfi, „mein Vater ist so klein, dass er unter dem Stuhl durchlaufen kann!"
Zwerg Schrumpfi ist ganz still. Dann sagt er traurig: „Und mein Vater hat sich das Bein gebrochen."
„Das tut uns Leid", sagen Bumsti und Lumpfi, „aber mit unserer Frage hat das nichts zu tun."
„Doch", sagt Schrumpfi. „Er ist beim Erdbeerpflücken von der Leiter gefallen."

Herr Mehlmann und Herr Bolle machen eine Fotosafari in Afrika. In der Serengeti-Steppe schlagen sie ihr Nachtlager auf. Dann packt Herr Mehlmann seinen Fotoapparat, sein Blitzlicht und krabbelt aus dem Zelt. „Jetzt werde ich mal ein paar Hyänen fotografieren", sagt er. „Diese Biester jagen nämlich in der Nacht."
„Bist du verrückt?", sagt Herr Bolle. „Das schaffst du nie. Die fressen dich vorher auf!"
„Wetten wir um 1000 Euro", sagt Herr Mehlmann, „dass ich mit Fotos von Hyänen zurückkomme?"
„Einverstanden", sagt Herr Bolle. Eine Stunde später scharrt es am Zelt. Herr Bolle schaut hinaus. Vor ihm steht ein Rudel Hyänen.
„Schöne Grüße von Ihrem Kollegen", sagt die größte der Hyänen. „Sie haben eben 1000 Euro geerbt."

„Die Wohnungen bauen sie auch immer kleiner!", schimpft Herr Schüble im Wirtshaus.
„Unser neues Wohnzimmer ist so eng, dass der Hund mit seinem Schwanz auf und ab wedeln muss!"
„Das ist noch gar nichts", sagt Herr Männle.
„Unser Schlafzimmer ist so klein, dass wir einen Nachttopf brauchen mit dem Henkel nach innen!"

„Mein Mann ist so dick", klagt Frau Blaff, „dass er einen Schuhlöffel braucht, um ins Auto einzusteigen."
„Das ist noch gar nichts", sagt Frau Ruff. „Meiner ist so fett, dass man ihn gar nicht angucken kann, ohne ein Stück Brot dazu zu essen."

Ein blasser Jüngling betritt den Tabakladen und schaut sich fachmännisch um. Dann deutet er auf ein Kistchen mit dicken, dunklen Zigarren. „Die nehme ich!", sagt er.
„Diese Zigarren sind aber ziemlich schwer", sagt der Verkäufer zweifelnd.
„Macht nichts", sagt der junge Mann. „Ich bin mit dem Wagen da."

Ein Fremder kommt in die Kneipe, bestellt ein Bier und guckt sich um. Da sieht er in der Ecke ein winziges Männchen in kurzen Hosen und mit Fotoapparat hocken. So klein ist der Zwerg, dass er ohne Schwierigkeiten unter den Stühlen durchlaufen könnte.
„Wer ist denn das?", fragt der Fremde flüsternd.
„Das ist Karl", sagt der Wirt. „Der war voriges Jahr auf Urlaub im Kongo."
„Ja, aber …"
Da wendet sich der Wirt dem winzigen Mann zu und ruft: „Ach, Karl, komm doch mal her und erzähl dem Herrn, wie du den Medizinmann einen verdammten Schwindler genannt hast!"

Frau Mehlmann geht auf dem Friedhof spazieren. Vor einem Grab bleibt sie stehen und liest die Inschrift auf dem Grabstein. Da steht:
„Hier ruht Fritz Nowak, ein erfolgreicher Kaufmann und ehrlicher Mensch."
Frau Mehlmann schüttelt den Kopf und sagt: „So was. Drei in einem Grab!"

In der Anglerkneipe. Hermann blickt sich triumphierend um.
"So einen Fang, wie ich gestern gemacht habe, so einen hat noch keiner von euch gemacht!", ruft er in die Runde.
"Na, was hast du denn gefangen?", wollen die Kumpels wissen.
"Einen alten Schuh", sagt Hermann.
"Einen Schuh, einen Schuh!", höhnen die Anglerfreunde.
"Jaaaa", ruft Hermann. "Aaaaaber: Größe 49!"

„Dieser Fallschirm hier ist absolut sicher", betont der Verkäufer. „Er geht mit Garantie bei jedem Sprung auf. Und wenn er einmal nicht aufgehen sollte, dann gibt es noch den kleinen Sicherheitsschirm."
„Aha", sagt der Kunde. „Und wenn der Sicherheitsschirm auch nicht aufgeht?"
„In diesem Fall", sagt der Verkäufer, „tauschen wir ihn gerne um."

Im Stadtpark. Herr Brösel packt die Angel aus und hängt sie in den Teich. Kommt ein Polizist und ruft: „Können Sie nicht lesen? Hier steht klar und deutlich: ‚Angeln verboten!' Das macht 50 Euro Bußgeld."
„Klar kann ich lesen", sagt Herr Brösel. „Und bezahlen tu ich überhaupt nichts. Ich angle nämlich nicht. Ich bade meinen Wurm."
„Ist in Ordnung, Sie Schlaumeier", sagt der Polizist. „Dann bezahlen Sie eben 100 Euro für Nacktbaden. Ihr Wurm hat nämlich keine Hose an."

Nähnadel und Stecknadel machen ein Wettschwimmen durch den Suppentopf. Stecknadel gewinnt. Sagt Nähnadel: „Aber bloß, weil ich Wasser im Öhr hatte!"

⊶ Der Marktschreier preist die neue Super-Eieruhr an. „Meine Damen und Herren", brüllt er, „dieses Wunderwerk der Technik lässt sich auf die Sekunde genau einstellen. Wenn die Zeit abgelaufen ist, meldet es sich mit einem vergnügten Gackern. Diese Eieruhr, meine Damen und Herren, ist stoß- und schlagfest. Mit anderen Worten: Sie ist absolut unzerbrechlich!" Und der Verkäufer hämmert mit der Eieruhr auf den Tisch. Da zerbricht sie in zwei Teile. Eine Sekunde lang verschlägt es dem Marktschreier die Sprache. Dann nimmt er die beiden Hälften und ruft: „Und so, meine sehr verehrten Damen und Herren, sieht die Super-Eieruhr von innen aus!"

„Stell dir vor", sagt Heiner, „wer gestern bei mir angerufen hat: Thomas Gottschalk persönlich!"
„Ist ja irre!", sagt Holger. „Und was hat er gesagt?"
„Falsch verbunden."

⊶ „Ich brauche drei Stunden mit dem Jeep", prahlt der Texaner, „um vom einen Ende meiner Ranch zum anderen zu fahren!"
„Tja", sagt der Besucher, „so eine lahme Kiste hatte ich früher auch mal."

Zwei Angeber in der Kneipe.
„Unsere Wohnung ist so feucht", sagt der eine, „dass die
Mäuse in der Falle Schwimmwesten anhaben!"
„Das ist noch gar nichts", sagt der andere. „Unsere Wohnung
ist so feucht, dass uns gar keine Mäuse in die Falle gehen."
„Und warum nicht?"
„Weil da schon Fische drinnen sind!"

„Ich fahre ein dickes Auto und hab immer einen Haufen
Geld in der Tasche!", prahlt der Mann in der Kneipe.
„Tatsächlich", staunt der Wirt. „Was sind Sie
denn von Beruf?"
„Busfahrer."

Der neue Schüler ist ein fürchterlicher Angeber. „In meiner
alten Schule war ich der Star in der Fußballmannschaft",
brüstet er sich vor dem Sportlehrer. „Mittelstürmer,
aber was für einer. Wie viel Tore, schätzen Sie, habe ich
in meinem besten Spiel gemacht?"
„Ich schätze, halb so viel", meint der Lehrer.
„Halb so viel von was?", fragt der neue Schüler irritiert.
„Halb so viele Tore, wie du mir weismachen wolltest."

Heiner: „Ich würde so gerne wissen, wie lange ein
Mensch ohne Hirn überleben kann!"
Holger: „Wie alt bist du denn schon?"

Holger: „Sag mal, wie findest du meinen neuen Strohhut?"
Heiner: „Wie aus dem Kopf gewachsen!"

Hutzelmeiers machen Urlaub in Texas – dort, wo es noch richtige Cowboys gibt. Zum Andenken will sich Herr Hutzelmeier einen echten Cowboyhut kaufen und geht zu einem speziellen Laden. Er sieht, wie ein o-beiniger Cowboy mit einem nagelneuen Hut aus dem Laden kommt, ihn in den Staub schmeißt, wild darauf herumtrampelt und ihm einige böse Tritte versetzt.
Schließlich hebt er ihn auf, klopft ihn am Bein ab und setzt ihn sich auf den Kopf.
„Können Sie mir das erklären?", erkundigt sich Herr Hutzelmeier beim Ladeninhaber.
„Nun", sagt der, „echte Cowboys haben es eben nicht gern, wenn man sieht, dass sie einen neuen Hut aufhaben!"

Einen Berliner Schauspieler fragt der Reporter, warum er denn überhaupt nicht mehr im Fernsehen zu sehen sei.
„Aus Gesundheitsgründen", gibt der Schauspieler zurück.
„Wieso denn das?", fragt der Reporter. „Ist Ihnen schlecht geworden?"
„Mir nicht", sagt der Schauspieler. „Dem Publikum …"

⊃‐⊙→ „Neulich habe ich einen tollen Film gesehen", erzählt Heiner. „Eine junge Frau löst sich aus ihrer miserablen Beziehung zur Mutter. Sie geht in eine Bergarbeiter-Kommune. Ihre Mutter spürt sie auf und versucht, sie zu ermorden. Am Schluss wird sie von einem Prinzen gerettet."
„Klingt toll", sagt Holger. „Wie heißt der Film?"
„Schneewittchen und die Sieben Zwerge."

„Mein Gehirn arbeitet wie eine Maschine!"
„Ich weiß. Aber ein paar Schrauben sind locker."

An der Straßenecke steht ein Prediger und ruft: „Tuet Buße! Das Ende der Welt steht vor der Tür!"
Fragt Herr Mömmel neugierig: „Entschuldigen Sie, seit wann machen Sie das?"
„Tja", sagt der Prediger und fängt an zu rechnen, „seit ungefähr 30 Jahren."

„Mein Mann ist ein begeisterter Angler", erzählt Frau Wandel beim Kaffeekränzchen. „Gestern ist er sogar zum Eisfischen gegangen."
„Zum Eisfischen – wie macht man denn das?"
„Nun, man hackt eben ein Loch ins Eis und hängt dann die Angelschnur hinein."
„Und hat Ihr Mann auch was gefangen?"
„Leider nicht. Der Platzwart vom Eisstadion hat ihn verjagt!"

Maries Verlobung mit einem schottischen Arzt ist in die Brüche gegangen.
„Das war auch besser so", erzählt sie ihrer Freundin. „Also, nie im Leben hätte ich für möglich gehalten, dass Harry dermaßen knauserig sein könnte."
„Wieso denn das?", fragt die Freundin.
„Erst wollte er seine Geschenke zurück", erzählt Marie, „und gestern hat er mir eine Rechnung über 44 Hausbesuche geschickt!"

„Hast du Löcher in den Socken?"
„Natürlich nicht!"
„Und wie ziehst du sie dann an?"

Wie kommt ein Elefant auf einen Baum?
Er stellt sich auf eine Eichel und wartet hundert Jahre.

Wie kommt ein Elefant von einem Baum runter?
Er stellt sich auf ein Blatt und wartet auf den Herbst.

Was machst du, wenn sich ein Elefant auf dein Taschentuch gesetzt hat?
Warten, bis er wieder aufsteht.

Was haben Elefanten, was sonst kein einziges Tier hat?
Elefantenbabys.

Wo schlafen die Fische?
Im Flussbett.

Was muss man tun, damit ein Elefant nicht durch das Nadelöhr geht?
Man macht einen Knoten in den Rüssel.

Wie groß ist ein Elefant?
Welcher Elefant?
Ein großer Elefant!
Ein wie großer Elefant?

Wie bekommt man vier Elefanten in einen Golf?
Zwei vorne, zwei hinten.
Und wie bekommt man ein Nilpferd in einen Golf?
Einen Elefanten raus, Nilpferd rein.

Wann haben Elefanten acht Beine?
Wenn sie zu zweit sind.

Was hat schwarze und weiße Streifen und dreht sich andauernd?
Ein Zebra in einer Drehtür.

Warum konnten die Tomaten nicht Cowboy und Indianer spielen?
Weil sie lauter Rothäute waren.

Warum nimmt der Landvermesser ein Lineal mit ins Bett?
Er will wissen, wie lange er geschlafen hat.

Was ist schlimmer dran als eine Giraffe mit Halsweh?
Ein Tausendfüßler mit Hühneraugen.

Warum haben Kühe Hörner?
Nur für den Fall, dass die Glocke nicht funktioniert.

Was ist jemand, der in Europa zur Welt kam, in Australien aufwuchs und in Amerika starb?
Tot.

Was ist der Unterschied zwischen einem Stummfilm, einem Radio und dem Taschengeld?
Vom Stummfilm hört man nichts, vom Radio sieht man nichts und vom Taschengeld hört und sieht man nichts.

Wie machen Skelette Körperpflege?
Erst schmirgeln, dann polieren.

Was hat vier Beine, einen Schwanz, grüne Augen und kann fliegen?
Eine tote Katze.

Was wird jemand, den man mit Wasser aus dem Roten Meer anspritzt?
Nass.

Wann ist es erlaubt, einem Mann ins Gesicht zu spucken?
Wenn sein Bart brennt.

Vor welchem Tier hat sogar der große alte Löwe Angst?
Vor der großen alten Löwin.

Was passiert, wenn Licht in einem Winkel von 45 Grad ins Wasser fällt?
Dann geht es aus.

Was bekommt man, wenn man eine Taube mit einem Papagei kreuzt?
Eine Brieftaube, die nach dem Weg fragen kann.

„Sag mal, Heiner, warum ziehst du denn dieses Seil hinter dir her?"
„Dumme Frage", sagt Heiner,
„weil Schieben nicht funktioniert."

Kellner: „Wünschen der Herr Rotwein oder Weißwein zum Menü?"
Gast: „Ist mir piepegal. Ich bin farbenblind."

Wie heißen die beiden jugendlichen Ausreißer, die eine einsame alte Dame bei lebendigem Leib verbrannt haben?
Hänsel und Gretel.

„Ich habe furchtbare Probleme mit meinen Zähnen", beklagt sich der alte Herr auf der Parkbank bei seinem älteren Nachbarn. „Immer diese Schmerzen in der Nacht. Kaum jemals, dass ich wirklich durchschlafen kann!"
„Ich habe keine Schwierigkeiten mit meinen Zähnen", sagt der noch ältere Herr. „Und schon gar nicht in der Nacht."
„Und wie stellen Sie das an?", fragt der alte Herr.
„Ach wissen Sie", sagt der noch ältere Herr, „meine Zähne und ich, wir schlafen getrennt."

„Mami, ich drehe mit Storch eine Runde!", ruft Emil.
„Wer ist denn Storch?", fragt die Mutter.
„Na, mein Fahrrad", meint Emil.
„Warum sagst du denn Storch dazu?"
„Weil es schon so klappert."

„**Papi**", fragt Sebastian, „warum heulen die Präriekojoten in der Nacht?"
Papi denkt nach. Dann sagt er: „Weil es in der Prärie keine Bäume gibt."
„Und deswegen heulen sie?", sagt Sebastian erstaunt.
„Na ja", sagt Papi. „Es gibt keine Bäume. Es gibt nur lauter Kakteen!"

Im Berggasthof sitzt ein alter Tiroler mit Lederhose, Trachtenjanker und Gamsbarthut. Setzt sich ein Engländer zu ihm an den Tisch, holt die Zigaretten aus der Tasche und fragt: „Are you smoking?"
„No", knurrt der Tiroler. „Trachtenanzug."

Zu wem sagte der Riese: „Na, zittere nur, aber ich fresse dich trotzdem!"
Zum Pudding.

Der Förster wandert durch den dunklen Wald. Kaum ein Sonnenstrahl bricht durch das Geäst. Da sieht der Förster zwei kleine Gestalten mit grünen Zipfelmützen, die auf einem alten Baumstumpf sitzen und sich ihre langen Bärte kämmen. Er traut seinen Augen nicht. Langsam nähert er sich. „Wer ... wer ... wer seid denn ihr?", fragt der Förster. Die Zwerge wenden sich um. „Na wer schon!", ruft der eine Zwerg. „Die Sieben Zwerge natürlich!"
Verdutzt fragt der Förster: „Aber ihr seid doch nur zwei?"
„Natürlich sind wir nur zwei", keift der andere Zwerg. „Was glauben Sie, wie schwer man heute Personal bekommt!"

Heiner: „Stell dir vor, gestern habe ich eine Taube gesehen, die auf dem Kopf gestanden ist!"
Holger: „Toll. Und wo?"
Heiner: „Auf dem Kopf vom Schiller-Denkmal."

Ein als Cowboy verkleideter Kerl spaziert in der Fußgängerzone auf und ab. Cowboyhut, rotes Halstuch, Stiefel mit Sporen, sechsschüssiger Revolver im Gürtel.
„Erlauben Sie die Frage", will ein Polizist wissen, „wer sind Sie denn?"
„Meine Freunde nennen mich Tex", knurrt der Cowboy.
„Ach", sagt der Polizist, „dann sind Sie also aus Texas!"
„Nein", knurrt der Cowboy, „ich bin aus Louisiana!"
„Und warum nennt man Sie dann Tex?"
Der Cowboy erstarrt. „Soll es einer wagen", zischt er, „mich Louisi zu nennen!"

Ein Mann steht an der Straßenkreuzung und sieht sich Hilfe suchend um. „Entschuldigen Sie bitte", fragt er einen Polizisten, „können Sie mir sagen, wie ich in den Tiergarten komme?"
„Weiß ich auch nicht", sagt der Polizist. „Aber versuchen Sie es doch mal mit lautem Bellen."

„Mami, warum hat unser Vati so wenig Haare auf dem Kopf?"
„Weil er so viel nachdenkt!"
„Mami, und warum hast du so viele Haare auf dem Kopf?"
„Sei still und geh spielen!"

Zwei Außerirdische landen in Ostfriesland. Sie klettern aus ihren fliegenden Untertassen, stapfen mühsam die Landstraße entlang und kommen an einem Briefkasten vorbei.
„Guten Tag", sagt der eine Außerirdische, „würden Sie uns bitte zu Ihrem Anführer bringen?"
„Was redest du denn mit dem da", herrscht ihn der andere Außerirdische an. „Siehst du denn nicht, dass das noch ein Kind ist?"

An der Tür klingelt es. Frau Pilschen macht auf. Draußen steht ein brauner Mann mit einem Turban.
„Wer sind Sie denn?", fragt Frau Pilschen.
„Der neue Zeitungsausträger", sagt der Mann mit dem Turban.
„Ach, und wo kommen Sie her?"
„Aus Pakistan", sagt der Mann mit dem Turban.
„Ganz schön weit", sagt Frau Pilschen, „für die paar Zeitungen."

Auf der Baustelle herrscht ein Höllenlärm. Zwei Bauarbeiter unterhalten sich schreiend. „Sag mal, Franz, du nimmst ja überhaupt keine Ohrenschützer. Nicht einmal, wenn du mit dem Presslufthammer arbeitest. Wie hältst du denn das aus?"
„Kein Problem", brüllt Franz zurück. „Da bin ich von meinem früheren Beruf ganz andere Dinge gewohnt!"
„Was warst du denn früher?"
„Fahrer in einem Schulbus!"

„Was hat dir denn dein Mann dieses Jahr zu Weihnachten geschenkt?", will Frau Müller von ihrer Freundin wissen.
„Ach, bloß ein Streichinstrument", antwortet Frau Meier.
„Ist ja toll!", ruft Frau Müller. „Ein Streichinstrument. Vielleicht eine Violine?"
„Nein", sagt Frau Meier.
„Eine Bratsche?"
„Nein."
„Ein Cello?"
„Nein", seufzt Frau Meier. „Es war ein Buttermesser."

Heiner kennt einen tollen Trick, wie man einen Fremden dazu bringt, dass er einem in der Kneipe ein Bier bezahlt. Und dieser Trick geht so:
Heiner setzt sich zu einem Fremden und erzählt:
„Neulich habe ich eine Bootsfahrt auf dem Nil gemacht. Plötzlich merke ich, dass das Boot leckt. Es sinkt tiefer. Und da sehe ich auch schon, wie die Krokodile auf mich zuschwimmen. Ich schöpfe das Wasser mit der Hand aus dem Boot. Vergeblich."
Der Fremde hört gespannt zu.
„Immer mehr Krokodile. Sie sperren schon ihre grässlichen Mäuler auf. Das Boot sinkt immer tiefer. Wie soll ich das Wasser aus dem Boot schöpfen? Da nehme ich", erzählt Heiner, „ich nehme … ich nehme …"
Heiner macht eine Pause. „Sagen Sie schon, was nehmen Sie?", sagt der Fremde gespannt.
„Herr Wirt", sagt Heiner, „Ich nehme noch ein Bier."

Die kleine Inge ballt die Faust. „Wenn du rauskriegst", sagt sie zu ihrem Bruder, „wie viel Geld ich da drin versteckt habe, dann gebe ich dir den Euro."
„Vergiss es", sagt der Bruder verächtlich. „Wegen einem Euro zerbreche ich mir doch nicht den Kopf!"

„Was ist der Unterschied zwischen einem Fernsehsessel und einer Brennnessel?"
„Keine Ahnung!"
„Ach. Noch nie in einer Brennnessel gesessen?!"

„Mami", fragt die kleine Susanne, „wenn uns der liebe Gott das tägliche Brot bringt und der Storch die kleinen Kinder – wozu brauchen wir dann eigentlich Papi?"

„Und jetzt zur letzten, alles entscheidenden Frage an den Kandidaten", ruft der Quizmaster beim Super-Glücksrad. „Sie haben drei Sekunden Zeit zum Nachdenken. Antworten Sie mit Ja oder Nein. Wenn Sie richtig antworten, gehören Ihnen *100 000 Euro*. Die Frage lautet: Was ist der Unterschied?"
„Der Unterschied zwischen was?", fragt der Kandidat verwirrt.
„Tut mir Leid", ruft der Quizmaster.
„Helfen gilt nicht."

Lisa hat einen neuen Job in der Fabrik.
„Und", fragt Karin, „arbeitest du am Band?"
„Aber nein", sagt Lisa. „Wir dürfen frei herumlaufen."

◄──◦ Ernst ist bis über beide Ohren in Eva verknallt.
„Sag mir doch, wo du wohnst!", bettelt er.
„Sag ich dir nicht", sagt Eva.
„Dann sag mir bitte deine Telefonnummer!"
„Sag ich dir auch nicht!", sagt Eva.
„Bitte!", bettelt Ernst. „Wenigstens ungefähr!"

Jan hat schon eine echte Löwenmähne. Einfach zu viel des Guten. Deshalb geht er jetzt zum Frisör. Der nimmt seine größte Schere und schneidet drauflos. Dann hält er inne und sagt: „Sind Sie eigentlich Skilangläufer?"
„Wie kommen Sie denn darauf?", fragt Jan.
„Weil ich eine Zipfelmütze gefunden habe."

Blümchens gehen in die Oper und kommen zu spät. „Die Vorstellung hat schon begonnen", sagt der Platzanweiser. „Ich lasse Sie ausnahmsweise noch rein. Aber Sie müssen mir versprechen, sehr leise zu sein!"
„Wieso das?", fragt Frau Blümchen. „Schlafen denn schon alle?"

„Was guckst du denn so komisch?", fragt eine Milchflasche die andere. „Ach lass mich", sagt die andere. „Gestern hast du mich stehen lassen und jetzt bin ich sauer."

◄──◦ *In der Konditorei.*
Verkäufer: „Was wünschen Sie?"
Kunde: „Rumkugeln."
Verkäufer: „Bitte sehr, dort hinten liegt der Teppich."

Anruf bei der Holzhandlung: „Ich brauche ein Stück Holz mit einem Astloch. Haben Sie so etwas da?"
„Tut mir Leid", sagt der Holzhändler. „Wir führen kein Holz mit Astlöchern. Wozu brauchen Sie denn so etwas?"
„Ich schnitze ein Schaukelpferd."
„Na schön, aber wozu das Astloch?", will der Holzhändler wissen.
„Fürs Hinterteil."

„Ich würde so gerne mal ans Mittelmeer fahren", sagt Heiner. „Ich liebe Sandstrände. Aber ich halte einfach diese verdammten Mücken nicht aus!"
„Da habe ich ein gutes Mittel", meint Holger. „Schnaps."
„Schnaps?"
„Schnaps!", bestätigt Holger. „Du schüttest etwas Schnaps auf den Sand. Dann kommen die Mücken und lecken daran. Zuerst summen sie noch eine Weile, aber dann fangen sie an zu raufen und erschlagen sich gegenseitig mit den Sandkörnern!"

„Papi, geht deine Armbanduhr heute?"
„Natürlich!"
„Und wann kommt sie zurück?"

Was ist braun, haarig und trägt eine Sonnenbrille?
Eine Kokosnuss auf Urlaub.

„Ihr Ostfriesen seid tatsächlich das beste Publikum der Welt", sagt der Komiker nach seinem Auftritt. „Hier lachen die Leute über jeden Witz dreimal!"
„Wieso dreimal?", fragt der Reporter vom Ostfriesischen Kreisblatt.
„Einmal, wenn ich euch den Witz erzähle", sagt der Komiker, „einmal, wenn ich euch den Witz erkläre, und das dritte Mal, wenn ihr ihn versteht."
„Hahaha", lacht der Reporter. „Und was ist daran so witzig?"

Der Dummkopf betritt den Baumarkt und verlangt zwölf Dutzend Glühbirnen.
„Und jetzt bitte noch so einen Ausschalter", sagt der Dummkopf und zeigt auf die Hämmer.

„Ist dieser Computer auch wirklich zuverlässig?", will der Kunde wissen.
„Wie ein Bergkamerad", sagt der Verkäufer.
„Wieso denn das?", fragt der Kunde.
„Wenn man ein falsches Kommando eingibt, stürzt er ab."

Die kleine Marie ist bei Oma zu Besuch. Gemeinsam besuchen sie den Friedhof und Oma muss ihrer Enkelin die Grabinschriften vorlesen. Marie hört eine Weile aufmerksam zu, und dann fragt sie: „Oma, sag mal, wo sind eigentlich die bösen Leute begraben?"

Was isst der Elektriker zu Mittag?
Kabelsalat.

Im Iglu. Eine Eskimomutter singt ihrem Töchterchen ein Kinderlied vor.
„I bin a kloans Binkerl, und stell mi ins Winkerl, und weil i nix kann, drum fang i nix an!"
„Mami", sagt das Eskimomädchen und guckt sich hilflos im runden Iglu um, „was ist ein Winkerl?"

Warum sind Computerfachleute so dünn?
Weil sie immer nur Mikrochips bekommen.

„Mami, Mami, wie viele Tage sind es noch bis Weihnachten?"
„Oh, jede Menge Tage. Wir haben doch erst November. Aber warum fragst du?"
„Ich möchte gerne wissen, ob wir schon nah genug dran sind, damit ich anfangen soll."
„Was anfangen?"
„Ein braves Mädchen zu sein."

„Stell dir vor, was ich gelesen habe", sagt Heiner. „Vier Fünftel aller Unfälle sind Haushaltsunfälle. Die Leute fallen von der Leiter, kommen in den Stromkreis oder verbrennen sich am Herd. Und diese Unfälle ereignen sich in der eigenen Wohnung. Da müssen wir uns doch schützen!"
„Aber wie denn?", fragt Holger.
„Ganz einfach", sagt Heiner. „Ich übersiedle in deine Wohnung und du in meine!"

Was kann man machen, dass Salz besser schmeckt?
Man streut es über Pommes.

- *Welches Tier ist schwarzweiß und macht einen abscheulichen Lärm?*
  Ein Dudelsack pfeifender Pinguin.

- *Was lebt in der Wüste, kommt eine Woche ohne Wasser aus und hat drei Höcker?*
  Ein Kamel mit Rucksack.

- *Was lebt in der Wüste, kommt eine Woche ohne Wasser aus und hat zwei Höcker?*
  Ein Kamel, das seinen Rucksack verloren hat.

Warum sieht man niemals Kühe im Tiergarten?
Weil sie sich den Eintritt nicht leisten können.

- „Sag mal, Ilse, hältst du mich etwa auch für einen Idioten?"
  „Aber nein", sagt Ilse. „Andererseits – was zählt schon meine Meinung gegen die aller anderen?"

- *Was ist Willenskraft?*
  Wenn sich ein Elefant nur eine einzige Erdnuss aus der Tüte holt.

„Ich komme bei Mädchen unheimlich gut an", prahlt Walter. „Sie gucken mich an – und schon ist es Liebe auf den ersten Blick. Hast du dafür eine Erklärung?"
„Klar", sagt Wolfgang. „Wer dich einmal gesehen hat, schaut dich kein zweites Mal an."

Warum haben die Ostfriesen so viele Waschmaschinen?
Damit sie nach Sendeschluss was zu gucken haben.

Ein Stammeshäuptling aus dem Regenwald fliegt mit dem Flugzeug nach München und wird dort von einigen Reportern interviewt.
„Grüß Gott", sagt der eine. „Hatten Sie einen guten Flug?"
Erst gibt der Häuptling einige merkwürdige pfeifende und quietschende Geräusche von sich, dann sagt er in tadellosem Deutsch: „Danke, wunderbares Wetter!"
„Und wie lange wollen Sie in unserem schönen München bleiben?", fragt ein anderer Reporter weiter.
„Pfeif, quietsch, tut, na, so etwa zwei Wochen.
„Eine Frage noch", meint ein dritter Reporter, „wo haben Sie so gut Deutsch gelernt?"
„Deutsche Welle, pfeif, quietsch, tut, Kurzwellenradio!"

Der Burgherr von Schreckenstein stürmt aufgeregt in den Burghof.
„Verdammt noch einmal, jetzt will ich die Wahrheit hören. Wer von euch Burschen hat den Turm kaputtgemacht?"
Meldet sich Knappe Oswald kleinlaut. „Ich war's, Herr Ritter."
„Ach", brüllt der Herr von Schreckenstein, „und wie ist das passiert?"
„Ich wollte bloß mein Katapult putzen", sagt Oswald, „und da ist es plötzlich losgegangen."

Wie viel Beine hat der Elefant?
Sechs. Zwei Vorderbeine, zwei Hinterbeine, zwei Elfenbeine.

⋘—◦ *Was macht ein Engländer, wenn er in der Wüste eine Schlange trifft?*
Er stellt sich hinten an.

⋘—◦ *Welches Tier braucht am wenigsten Futter?*
Die Motte. Sie frisst Löcher.

Frau Weber schmiedet Einkaufspläne.
„Ich denke, ich werde mir diese wunderschöne Perlenkette kaufen", sagt sie. „Und das wird uns gar nichts kosten!"
„Wie meinst du denn das?", fragt Herr Weber.
„Na, Denken kostet doch nichts."

Es ist wieder mal ein irre heißer Sommertag. Hinter der sehr dicken Dame läuft unentwegt ein kleiner Junge her. Und zwar so, dass er ihr bald auf die Füße tritt.
Endlich wird ihr dieses Spielchen zu dumm und sie dreht sich nach ihm um.
„Hör mal, du", fährt sie ihn an, „willst du mich vielleicht ärgern? Ich hol gleich einen Schutzmann!"
„Ach, bitte nicht", fleht der Kleine, „Sie sind doch die einzige schattige Stelle auf der Straße!"

Endlos blättert die Sekretärin im Duden herum.
„Was suchst du eigentlich?", fragt schließlich ihre Kollegin.
„Bankrott", sagt die Erste.
„Und warum suchst du so weit hinten?"
„Nun, wie ,**Bank**' geschrieben wird, das weiß ich.
Jetzt suche ich ,**rott**' …"

„Ich hab meiner Frau zum Hochzeitstag einen dieser neuen
Riesen-Fernseher geschenkt – **48 mal 120**!"
„Bildschirmgröße …?"
„Nein, Raten!"

Die Kuh, die ein Kalb zur Welt bringt, kalbt.
Das Schaf lammt. Und was macht ein Vogel?
Der Vogel eiert.

Warum sind Braunbären braun?
Damit man sie nicht mit Blaubeeren verwechselt.

Der Fernsehsender **RTX** hat wieder mal ein
Zuschauertelefon eingerichtet – denn ein berühmter
Wissenschaftler ist Gast im Studio.
Er verkündet, man könne ohne
weiteres mit **20 Euro** in der Woche
leben.
Unglaublich viele Anrufer protestieren
gegen diesen Unsinn. Dann meldet
sich plötzlich eine ganz, ganz leise Stimme
am Telefon.
„Also, mein Mann und ich meinen, dass das noch
wesentlich billiger geht. Wir beide kommen seit
Jahren mit fünf Euro in der Woche aus …"
Der Wissenschaftler ist total platt. „Gnädige Frau,
das ist ja sensationell – aber könnten Sie für unsere
Zuschauer nicht ein wenig lauter sprechen?"
„Leider nicht, Herr Professor, ich bin ein Goldfisch!"

◦— *Was sagte der kleine Kannibale, der nicht essen will, was auf den Tisch kommt?*

„Meine Sippe ess ich nicht!"

Holger: „Heute Abend gibt es einen interessanten Vortrag über Schizophrenie."
Heiner: „Was ist denn das?"
Holger: „Schizophrenie ist, wenn jemand zwei verschiedene Persönlichkeiten hat. Die eine will dies, die andere das. So eine Art Geistesgespaltenheit. Hast du Lust mitzukommen?"
Heiner: „So halb und halb."

Ein Irrer will ein Telegramm aufgeben und ruft bei der Telegrammaufnahme an. „Bitte senden Sie folgenden Text: **Pobbeli, Hobbeli, Tobbeli.** – Was macht das?"
„Neun Euro."
„Prima, ich habe zwölf Euro. Dann kann ich ja noch ein Wort dazuschreiben!"
„Natürlich", sagt die Beamtin.
„Aber welches Wort soll ich denn noch schicken", überlegt der Anrufer, „welches Wort bloß."
Die Beamtin wird ungeduldig. „Wie wär's denn mit Schwobbeli?", schlägt sie vor.
„Schwobbeli", sagt der Anrufer verächtlich. „Was soll denn das. Ich bin doch nicht verrückt."

◦— *Warum essen Beamte so gerne Schaschlik?*

Weil es so spießig aussieht.

Holger marschiert kreuz und quer über den ganzen Tennisplatz und schaut ständig angestrengt auf den Boden.
"He, Sie da", ruft der Platzwart. "Suchen Sie etwas?"
"Klar doch", sagt Holger. "Hier habe ich vorgestern ein Spiel verloren."

Yeti stürmt zurück in die Yeti-Höhle am Himalaja und ruft aufgeregt:
"Leute, stellt euch vor, eben habe ich Reinhold Messner gesehen!"
"Wie bitte", rufen die anderen Schneemenschen, "den gibt es wirklich?"

Jockel hat schon den fünften Schnaps gekippt. Da tippt ihm der Mann von der Heilsarmee auf die Schulter und sagt:
"Sie sollten Ihr Geld nicht so sinnlos hinauswerfen. Tragen Sie's doch lieber auf die Bank. Da bekommen Sie sogar Zinsen dafür!"
"Ach", sagt Jockel. "Und wie viel Prozent?"
"Na, etwa fünf Prozent nach einem Jahr!"
"Da bleib ich lieber beim Schnaps!", ruft Jockel. "Da gibt es 40 Prozent, und zwar sofort."

Ein Angler steht am Ufer des Rheins und hängt seine Leine ins Wasser. Da kommt ein Mann und sagt: "Wissen Sie nicht, dass hier Angeln verboten ist? Das Wasser ist ja total giftig. Richtig ätzend."
"Klar weiß ich das", sagt der Angler. "Ich fange auch keine Fische. Ich halt meine Filme zum Entwickeln ins Wasser."

- „Sag mal, warum fährst du eigentlich immer am Freitag mit der Bahn?"
  „Ich will mein Leben in vollen Zügen genießen!"

- Wer sagte: „Ein Königreich für ein Pferd?"
  Der Sperling auf dem Marktplatz.

Eine Kuh macht muh. Was machen viele Kühe?
Mühe.

„Die Sonne ist wirklich was Blödes", meint Kuno.
„Wie kommst du denn darauf?"
„Weil sie scheint, wenn es sowieso hell ist!"

- „Und was machen Sie beruflich?", erkundigt sich der Kneipenwirt.
  „Ich bin Straßenhändler", sagt der Gast.
  „Interessant", meint der Wirt. „Was kostet denn der Meter?"

Wer gewinnt bei jeder Ziehung? Der Zahnarzt.

Echt *sport*lich

Der Pfarrer von Polterding ist ein leidenschaftlicher Kegler. Kaum ist die Sonntagsmesse zu Ende, sieht man ihn schon drüben beim Kirchenwirt auf der Kegelbahn.
„Wie schaut's aus, Pfarrer", sagt sein Kegelbruder Toni eines Sonntags. „Ob's droben im Himmel wohl auch eine Kegelbahn gibt?"
Der Pfarrer weiß es nicht. Aber er verspricht, den lieben Gott bei nächster Gelegenheit danach zu fragen.
„Na, was hat der liebe Gott gesagt?", will der Toni am nächsten Sonntag wissen. Der Pfarrer antwortet langsam und stockend.
„Es gibt eine gute Nachricht und eine schlechte Nachricht. Die gute Nachricht: Ja, es gibt eine Kegelbahn im Himmel!"
„Das ist ja großartig!", ruft der Toni. „Und was ist die schlechte Nachricht?"
„Die schlechte Nachricht ist", antwortet der Pfarrer, „für nächste Woche bin ich schon angemeldet."

Der Mathematiklehrer war zum ersten Mal Bogenschießen.
„Na, wie war's?", fragt ihn seine Frau. „Hast du was getroffen?"
„Klar doch!", sagt der Lehrer. „Der erste Schuss ging zwei Meter links daneben. Der zweite zwei Meter rechts daneben. Wenn man beides zusammenrechnet habe ich genau ins Schwarze getroffen!"

○—▶ *Warum darf Aschenputtel bei Fußballspielen nicht mitmachen?*
Weil sie immer vor dem Ball davonläuft.

Großer Boxkampf in der Sporthalle: Jack der Tiger kämpft gegen Richard die Ramme. Der Kampf beginnt und nach wenigen Sekunden kassiert Jack der Tiger einen rechten Schwinger. Er taumelt und wankt, geht in die Knie und sitzt belämmert auf dem Boden. Der Ringrichter zählt ihn an.
„Komm, gehen wir", sagt im Publikum eine ältere Dame.
„Der Kampf ist vorbei."
„Woher wollen Sie denn das wissen?", fragt ihre Begleiterin.
„Weil ich diesen Kerl vom Bus kenne", sagt die Dame. „Wenn der einmal sitzt, steht er nie mehr auf."

„Mein Bruder ist Boxweltmeister im Federgewicht. Er hat eine unschlagbare Kampftaktik entwickelt."
„Ach, und was macht er da?"
„Er kitzelt seine Gegner, bis sie vor Lachen umfallen!"

Zwei Sportschützen unterhalten sich. „Na, was war dein bester Schuss heute?"
„Nichts Besonderes. Ich habe bloß einen Achter getroffen."
„Mit oder ohne Steuermann?"

Sonntagmorgen auf dem Schießstand. Heiner und Holger ballern Richtung Zielscheibe.
„Jetzt reicht es aber!", brüllt Heiner. „Kannst du denn nicht zielen? Nun hast du schon zum dritten Mal ganz knapp an mir vorbeigeschossen!"
„Entschuldigung", sagt Holger ganz kleinlaut.
„Beim nächsten Mal treffe ich dann sicher!"

Jan hat nichts als Fußball im Kopf. Wenn er nicht gerade selbst kickt, guckt er Fußball. Sogar nachts träumt er immer nur vom Fußball. Die Eltern machen sich richtig Sorgen und bringen ihn zum Schulpsychologen.
„Sag mal, Jan", sagt der Psychologe, „mal ehrlich und unter uns: Träumst du denn von gar nichts anderem? Zum Beispiel von, na ja, von Mädchen?"
„Das hätten Sie wohl gern!", höhnt Jan. „Von Mädchen träumen! Damit ich das Endspiel verpasse!"

Warum dürfen ehemalige Astronauten keine Box-Ringrichter werden?

Weil sie immer verkehrt herum zählen: zehn, neun, acht …

Prustend kraulen Heiner und Holger durch den Gebirgssee.
„Einfach grauenhaft", ruft Heiner, „wie kalt das Wasser ist!"
„Jetzt hab dich nicht so", sagt Holger. „Was glaubst du, wie wir erst frieren würden, wenn wir keine Badehosen anhätten!"

Beim Leichtathletik-Meeting kämpfen die Weitspringer um den Sieg. Acht Meter sechzig, acht Meter siebzig – die Leistungen steigern sich. Acht Meter achtzig. Doch weiter geht es nicht. Da laufen die Marathonläufer ins Stadion ein und kommen durchs Ziel. Einer von ihnen läuft zur Weitsprunganlage und springt auf neun Meter dreißig. Das Publikum tobt vor Begeisterung.
„Kunststück", sagt der Weitsprung-Sieger, „bei 40 Kilometer Anlauf!"

Der Diskuswerfer tritt zum Wettkampf an. Wiegt den Diskus in der Hand. Dreht sich einmal um die Achse. Zweimal. Dreimal. Viermal. Und schleudert den Diskus mit gewaltigem Schwung fort. Die Scheibe fliegt über das Stadiondach hinaus und trifft eine Taube. Die Taube lässt vor Schreck einen Batzen fallen. Der Batzen trifft einen Radfahrer auf die Glatze. Der Radfahrer verreißt sein Rad. Ein Bus muss ausweichen und fährt in eine Bank. Geldscheine flattern auf die Straße. Eine Menschenmenge rottet sich zusammen, um das Geld aufzuheben. Der Verkehr bricht zusammen. Das Telefonnetz ist hoffnungslos überlastet und gibt den Geist auf. Die Aktienkurse spielen verrückt. Die Menschen geraten in Panik. Der Präsident ruft den nationalen Notstand aus.
„Das hast du nun davon!", schreit der Trainer den Diskuswerfer an. „Wie oft hab ich dir schon gesagt, du sollst dich bloß dreimal drehen!"

Der Golfball kommt ausgerechnet auf einem Ameisenhügel zu liegen. Der Golfer schwingt den Schläger, schlägt – und trifft voll in den Ameisenhaufen. Die Ameisen fliegen durch die Luft, doch der Ball liegt noch immer oben. Wieder versucht es der Golfer – wieder daneben. Und wieder trifft es nur die Ameisen und nicht den Golfball. Nach zwei weiteren Versuchen sind nur noch zwei Ameisen da.
„Gibt es denn keine Rettung vor diesen furchtbaren Schlägen?", schluchzt die eine Ameise.
„Doch", sagt die andere. „Wir müssen uns bloß auf diese Kugel da retten!"

Petras Freund Oskar ist absoluter Fußballfan, aber sie selbst hat von diesem komischen Spiel nicht die geringste Ahnung. Doch Oskar zuliebe geht sie am Samstag mit zu ihrem ersten Fußballspiel. Allerdings braucht sie endlos lang, um sich zurechtzumachen. Als Oskar und Petra zum Stadion kommen, ist das Spiel schon längst im Gange.
Aufgeregt fragt Oskar den nächsten Zuschauer nach dem Spielstand.
„Null zu null!", ist die Antwort.
„Siehst du", sagt Petra triumphierend. „Du hast dich ganz umsonst aufgeregt. Wir haben gar nichts versäumt!"

Ulrich kommt vom Fußballmatch zurück. Über und über ist er mit Dreck beschmiert. Die Mutter macht nicht viel Worte, sondern deutet bloß energisch in Richtung Badezimmer.
„Meinst du wirklich, dass das nötig ist?", erkundigt sich Ulrich vorsichtig.
„Klar!", sagt die Mutter. „Der Dreck muss weg!"
„Aber am Wochenende haben wir doch schon das Rückspiel!"

Fußball-Bundesliga im Fernsehen. Oma ist zu Besuch und will auch wissen, worum es da eigentlich geht.
„Sag mal, Karli", fragt sie vorsichtig, „weshalb rennen die denn alle so angestrengt hinter dem Ball her?"
„Na, Oma", ruft Karli, „das ist doch klar. Wer die meisten Tore schießt, wird Meister!"
„Und die andern auch?", will Oma wissen.
„Die Verlierer selbstverständlich nicht", erklärt Karli.
„Wenn das so ist", fragt Oma, „warum rennen die dann so?"

Blau-Weiß Hummstedt hat das Fußballspiel haushoch verloren. Und der Schiedsrichter war wohl keine große Leuchte. Nach dem Spiel geht der Trainer zum Schiedsrichter.
„Hätten Sie mal ein Sekündchen Zeit?", fragt er ihn.
„Natürlich", sagt der Schiedsrichter. „Worum geht es denn?"
„Dann könnten Sie mir alles erzählen, was Sie über die Fußballregeln wissen."

○→ Der Trainer ist heute besonders gut aufgelegt. „Also, Jungs", verkündet er, „wollt ihr wissen, wer der erste Torwart gewesen ist?"
„Keine Ahnung, Trainer!"
„Es war Noah. Denn Gott der Herr sprach zu ihm: ‚Geh in den Kasten, Noah, ich will stürmen!'"

○→ Der Porschefahrer staunt nicht schlecht, als er auf der Autobahn von einem Läufer in Turnschuhen überholt wird. „Das muss ich wissen!", denkt er und gibt Gas. Der Läufer wird ebenfalls schneller. Der Porschefahrer drückt auf die Tube, doch der Läufer zischt auf und davon. Der Porschefahrer gibt auf.
Nach ein paar Kilometern sieht er den Läufer in einem riesigen Loch neben der Straße sitzen. Die Fahrbahn ist aufgerissen und die Leitplanken sind total verbeult. Der Porschefahrer hält an.
„Du meine Güte – was ist denn mit Ihnen passiert?!"
„Na was schon", sagt der Läufer. „Mein rechter Turnschuh ist geplatzt."

Im Sportgeschäft. Der Kunde steht vor dem Boot.
"Dieses Schlauchboot ist absolut wasserdicht, sagen Sie?"
"Absolut!", versichert der Verkäufer.
"Wenn das Wasser erst mal drin ist, kommt es nie wieder heraus."

○─► Herr und Frau Bollermann wollen unbedingt noch die Rheinfähre erreichen, doch sie sind spät dran. Die Fähre legt eben ab. Bollermann macht einen Riesensatz und schafft es gerade noch, an Deck zu springen. Seine Frau aber steht hilflos am Kai.
"Das ist mir zu weit", jammert sie. "Das schaff ich nicht mit einem Sprung."
"Na wenn schon", ruft Herr Bollermann. "Dann versuch es eben mit zwei Sprüngen!"

Fritz und Olaf hocken in der Kneipe und gucken sich ein Fußballspiel an. "Ich hätte leicht einer von denen sein können", sagt Olaf. "Mein Trainer hat immer gesagt: ‚Olaf', hat er gesagt, ‚du könntest ein begnadeter Stürmer sein. Nur zwei Dinge stehen dir im Weg!'"
"Und welche Dinge waren das?", fragt Fritz.
"Tja", sagt Olaf und wischt sich den Schaum von den Lippen, "meine beiden Füße."

Die liebe Familie

„Sag mal, Peter, wie alt ist denn dein Großvater schon?"
„Weiß nicht", sagt Peter. „Aber wir haben ihn schon ziemlich lange."

Zwei Freunde treffen sich auf der Straße.
„Meine Güte, Heinz, du siehst ja fürchterlich aus", sagt der eine. „Was ist denn passiert?"
„Ach weißt du, seit mich meine Frau vor zwei Wochen verlassen hat, habe ich nicht eine Nacht mehr geschlafen!"
„Warum denn nicht?"
„Ganz einfach", sagt Heinz, „sie hat das Bett mitgenommen."

An der Tür läutet es. Frau Bölle macht auf. Draußen steht ein Fremder und sagt: „Entschuldigen Sie bitte, aber ich habe eine Frage. Ich komme jeden Morgen hier vorbei und jeden Morgen sehe ich, wie Sie Ihrem Sohn mit einem Laib Brot auf den Kopf hauen."
„Stimmt", sagt Frau Bölle. „Er ist schließlich auch ein sehr ungezogener Junge."
„Tja", sagt der Fremde, „heute Morgen habe ich Sie wieder gesehen. Aber heute Morgen haben Sie ihm mit einem Kuchen auf den Kopf geschlagen!"
„Stimmt", sagt Frau Bölle. „Heute hat der Junge Geburtstag."

Die kleine Monika will und will nicht schlafen gehen.
„Soll ich dir ein Gutenachtliedchen vorsingen", fragt der Vater, „oder gehst du freiwillig ins Bett?"

Jan und Susi würden gerne heiraten, aber es geht nicht.
Sie haben zu wenig Geld für eine eigene Wohnung.
„Warum zieht ihr eigentlich nicht zu Susis Eltern?", fragt
ein Freund.
„Keine Chance", sagt Jan. „Die wohnen bei ihren Eltern."

*Gestern hat Herr Mieslich angefangen, Semmeln zu
schneiden, und heute sitzt er immer noch am Küchentisch
und schneidet und schneidet ...*
„Was machst du da bloß so lange?", fragt ihn sein Freund.
*„Semmelknödel", sagt Herr Mieslich. „Im Kochbuch steht:
Drei Tage alte Semmeln schneiden. Morgen bin ich fertig."*

Es klingelt. Die Hausfrau öffnet. An der Haustür
steht ein Mann mit einer Sammelbüchse und sagt:
„Wir machen unsere Weihnachtssammlung. Es geht
um die geistig Behinderten in unserer Gemeinde,
und da ..."
„Warten Sie", unterbricht ihn rasch die Hausfrau.
Dann ruft sie in die Wohnung hinein: „Franz,
komm doch mal her, da ist jemand wegen deiner
Freunde!"

Familie Schwarz macht einen Ausflug mit der Eisenbahn.
Plötzlich sagt die kleine Bärbel:
„**Mami,** ich hab Pipi gemacht!"
„Du meine Güte", seufzt die Mutter, „dass uns das schon
wieder passiert ist."
„Wieso uns?", fragt Bärbel. „Dir auch?"

"Unser Heinrich ist derzeit auf der Universität", erzählt Frau Müller.

"Ach", sagt die Nachbarin. "Als Student oder als Professor?"

"Keines von beiden", sagt Frau Müller. "Als Dachdecker."

"Ich bin echt froh darüber", erzählt Rolf seinem Freund, "was ich für eine tolle Schwester habe. Stell dir vor, gestern war sie bei einem Geburtstagsfest. Jeder Junge musste jedem Mädchen zur Begrüßung einen Kuss geben oder eine Tafel Schokolade."

"Und", fragt der Freund, "was ist so toll an deiner Schwester?"

"Sie hat eine ganze Ladung Schokolade nach Hause gebracht."

"Gestern habe ich zum ersten Mal meinen Cousin getroffen", erzählt Tim.

"Na, wie sieht er aus?", fragt die Nachbarin neugierig.

"Ganz komisch", sagt Tim. "Er hat eine Glatze und einen dicken Bauch und ist klein, und wenn er nicht gerade trinkt, dann schläft er. Und außerdem rülpst er und macht sich voll."

"Du lieber Himmel", ruft die Nachbarin, "wie alt ist er denn?"

"So ein halbes Jahr", sagt Tim.

🔊 „Sie sind also Frau Emilie Stroh", sagt der Beamte. „Und Sie sind Hausfrau. Und was ist Ihr Mann?"
„Ach", sagt Frau Stroh, „eigentlich alles, was ich ihm vorsetze."

„Mein Papi hat mir gestern zum Geburtstag fünf Schlagbälle und drei harte Fußbälle geschenkt", erzählt der kleine Tim voller Stolz dem Lehrer in der Schule.
„Das ist ja sonderbar", meint der Lehrer. „Warum denn lauter Bälle?"
„Weil mein Papi nämlich Glasermeister ist!"

🔊 Herr Meier ist ein erfolgreicher Geschäftsmann und auch sein Sohn soll einmal ein erfolgreicher Geschäftsmann werden. Also nimmt Herr Meier seinen Sohn mit in die Firma, legt ihm die Hand auf die Schulter und sagt: „Und heute gibt es die erste Unterrichtsstunde, wie man erfolgreich wird. Komm mit aufs Dach!" Sie klettern auf das Dach und Herr Meier sagt: „Und nun, mein Sohn, spring hinunter!"
„Das kann ich doch nicht!", ruft der Sohn. „Das ist ja viel zu hoch!"
„Was ist?", sagt der Vater. „Vertraust du mir denn nicht? Wenn du mir vertraust, dann spring!" Der Sohn springt und er fällt hart auf den Boden. Mit schmerzverzerrtem Gesicht ruft er hoch: „Und ich habe dir vertraut!"
„Siehst du", sagt Herr Meier, „das ist die erste Regel im Geschäft: Vertraue niemandem!"

Der kleine Oskar kommt mit zerrissener Hose und zerschrammtem Gesicht nach Hause.
„Ach herrje!", ruft die Mutter.
„Was hat **Mamis Liebling** denn da schon wieder angestellt?"
„**Mamis Liebling**", sagt Oskar, „hat einen Jungen verhauen, der **Mamis Liebling** zu ihm gesagt hat."

„Sag mal, Kurt, wie viel Geschwister hast du eigentlich?", fragt der Nachbar.
„Mit mir sind wir zwei Jungen und vier Mädchen."
„So viele!", sagt der Nachbar erstaunt. „Na, das muss ja eine Menge kosten!"
„Aber nein", meint Kurt, „die kriegen wir alle gratis."

Karin kommt zu spät zur Arbeit. Der Chef blickt vorwurfsvoll auf die Uhr.
„Tut mir wirklich Leid", sagt Karin. „Meine Großmutter hat heute geheiratet."
„Das ist was anderes", sagt der Chef. „Aber ich hoffe, es kommt nicht öfters vor."

„Sag mal, warum schiebt denn Frau Hömple den Kinderwagen nicht? Warum zieht sie ihn immer nach?"
„Das Baby ist so hässlich!"

◖◉ „Ich verstehe dich nicht, Paul", sagt der Vater.
„Warum musst du immer mit den schlimmen Buben spielen?"
„Weil die schlimmen Mädchen nicht mit mir spielen wollen", sagt Paul.
„Frechdachs!", ruft der Vater. „Ich meine natürlich, warum du nicht mit den braven Buben spielst!"
„Weil die braven Buben nicht mit mir spielen dürfen!"

„Hören Sie sofort mit Ihrem verdammten Geklimpere auf!", brüllt der Nachbar durch das Treppenhaus. „Sonst werde ich noch komplett verrückt!"
„Zu spät", schreit der andere Nachbar zurück. „Wir haben das Klavier vorige Woche verkauft!"

◖◉ Herr Bolle geht einkaufen. Auf dem Markt starrt er auf einen Korb mit dem Schild „Blaubeeren".
„Das verstehe ich nicht", sagt er zur Marktfrau.
„Diese Beeren da sind ja ganz rot!"
„Klar", sagt die Marktfrau. „Das kommt, weil sie noch grün sind."

„Ich glaube, meine Mutter versteht nichts von Kindern",
sagt Sabine.
„Wie kommst du denn darauf?", fragt Tante Hilda.
„Wenn ich wach bin, bringt sie mich ins Bett, und wenn ich
müde bin, weckt sie mich auf!"

~⊙ Zwei Knirpse unterhalten sich.
„Also, manchmal halt ich's wirklich nicht mehr aus. Meine Oma singt dauernd ‚Am Brunnen vor dem Tore'."
„Das geht ja noch", meint der andere. „Meine Oma singt dauernd zu Hause."

Die Familie Mimmelmeier hat gerade ein Baby bekommen.
„Na, da hat sich euer kleiner Max sicher sehr gefreut", sagt die Nachbarin.
„Tja", sagt Frau Mimmelmeier, „jetzt hat er endlich aufgehört, die Katze zu ärgern."

Die kleine Susanne stürmt heulend ins Wohnzimmer.
„Was ist denn los, Susi?", erkundigt sich die Mutter besorgt.
„Mir ist mein Eis auf den Boden gefallen", schluchzt Susanne. „Dann wollte ich es in der Spüle heiß abwaschen und auf einmal war es weg!"

~⊙ Helmut kann seine Schulaufgaben nicht machen. Er kann sich einfach nicht konzentrieren. Seine kleine Schwester Petra liegt in ihrem Zimmer auf dem Rücken und singt und singt. „Ich bin eine Schallplatte", singt sie, *„ja, ja, ja*, eine Schallplatte." Wütend stürmt Helmut in Petras Zimmer und dreht sie auf den Bauch. Kaum ist er wieder an seinem Tisch, hört er Petra singen:
"Jetzt kommt die zweite Seite, *ja, ja, ja*, die zweite Seite."

„Was hat dein Vater zu dir gesagt, als sie dich ins Gefängnis gesteckt haben?"
„Willkommen, mein Sohn!"

Rolf und Rudi sitzen wieder einmal in Nachbars Kirschbaum und lassen es sich schmecken. Da stürmt wütend der Nachbar heran und ruft: „Ha, ihr Burschen. Habe ich euch endlich beim Klauen erwischt!"
„Irrtum", sagt Rudi und wedelt mit den Kirschen, „gucken Sie doch, wir hängen die Kirschen auf!"

„Sag mal, Oma", fragt Heidi und starrt Omas große Nase an, „hat dich eigentlich der liebe Gott gemacht?"
„Gewiss", sagt Oma.
„Und Mami, hat der liebe Gott auch Mami gemacht?"
„Aber sicher!"
„Und hat der liebe Gott auch mich gemacht?"
„Freilich, Heidi", sagt Oma.
„Und findest du nicht auch", fragt Heidi, „dass er in letzter Zeit bei Nasen immer besser geworden ist?"

Es ist Wahlkampf. Der Kandidat klingelt und die kleine Sibylle macht auf. „Sag mal, Kleine", fragt der Politiker, „ist deine Mami in der CDU oder in der SPD?"
„Ist sie beides nicht", sagt Sibylle. „Sie ist auf dem WC."

Zeit ihres Lebens hat Oma Baaske Lotto gespielt und nie etwas gewonnen. Doch diesmal hat sie alle sechs richtig und nicht weniger als zehn Millionen Euro gewonnen. Noch weiß sie nichts von ihrem Glück. Und ihre Familie wagt nicht, es ihr mitzuteilen. Ein alter Mensch könnte bei dieser Nachricht einen Schock erleiden und womöglich tot umfallen. Also ruft man den alten Doktor, der Oma Baaske früher so gut betreut hatte.
„Ich werde es ihr schonend beibringen", verspricht der alte Doktor und besucht Oma Baaske.
„Jetzt mal angenommen", fragt er beiläufig, „Sie hätten im Lotto gewonnen. Was würden Sie mit den Millionen tun?"
„Ach wissen Sie, Herr Doktor", sagt Oma Baaske, „Sie haben mir immer so gut geholfen. Ich würde Ihnen glatt fünf Millionen schenken."
Worauf der alte Doktor vor Schreck zusammenbricht.

🎧 Ulrike ist bei Gabi zu Besuch. Es ist nicht besonders gemütlich.
„Dein Vater lacht wohl überhaupt nie", sagt Ulrike.
„Doch, einmal jährlich lacht er."
„Ach, und wann?"
„Wenn sich meine Mutter einen neuen Hut gekauft hat."

🗨 „Mami, ich bin jetzt schon fünfzehn. Darf ich endlich Lippenstift tragen, meine Augenbrauen zupfen und mich schminken?"
„Nein, Karl, das darfst du nicht!"

🗨 Tante Erna ist jetzt schon etliche Wochen bei Familie Müller zu Besuch und langsam wird Herr Müller ungeduldig.
„Findest du nicht", flüstert er seiner Frau zu, „dass deine Tante Erna langsam wieder verschwinden sollte?"
„Wieso meine Tante?", flüstert Frau Müller zurück.
„Ich dachte, Tante Erna ist deine Tante?"

Frau Pilschen hat einen Termin beim Finanzamt. Der Beamte hilft ihr, das Formular auszufüllen.
„Sind Sie verheiratet?", fragt er.
„Ja", sagt Frau Pilschen.
„Kinder?", fragt der Beamte.
„Drei Jungen und vier Mädchen", sagt Frau Pilschen.
„Gut", sagt der Beamte. „Macht sieben zusammen."
„Nicht zusammen", sagt Frau Pilschen. „Eins nach dem anderen."

Ernst und Edwin streiten, wer die hübschere Schwester hat.
„Meine Schwester sieht besser aus", ruft Ernst. „Alle sagen, sie hat eine Haut wie ein Pfirsich!"
„Und wennschon", sagt Edwin. „Wer will schon wie ein 17 Jahre alter Pfirsich aussehen."

◠◉ Familie Meier ist aufs platte Land gezogen. Nach langer Zeit trifft Herr Meier zufällig seinen ehemaligen Nachbarn aus der Stadt. „Na, wie fühlt ihr euch in eurem Bauernhaus?", will der Nachbar wissen.
„Gute Luft, gesunder Schlaf, was?"
„Geht", sagt Herr Meier. „Bloß das leise Tapsen winziger Füßchen im ganzen Haus."
„So etwas", sagt der frühere Nachbar, „habt ihr so viele Kinder?"
„Nein", sagt Herr Meier, „so viele Mäuse."

Familie Rummler geht ins Konzert und der kleine Klaus darf auch mit. „Ich mache Sie aber aufmerksam", sagt die Platzanweiserin, „dass sich Ihr Sohn ruhig verhalten muss. Wenn er schreit, müssen Sie den Saal verlassen!"
„Und das Eintrittsgeld?", fragt Herr Rummler.
„Na, das bekommen Sie in diesem Fall zurück." Also gut, die Rummlers setzen sich und das Konzert fängt an. Das Orchester hat einen wirklich schlechten Tag. Der Dirigent kriegt den Takt nicht hin, die Streicher schrummeln und die Bläser setzen falsch ein. Da hat Frau Rummler genug.
„Los", flüstert sie ihrem Mann zu. „Zwick den Klaus!"

◠◉ „Ich habe gehört, dass Ihr Gustav morgen heiraten soll", sagt die Nachbarin. „Jetzt ganz im Vertrauen, Frau Bolle: Weiß die Braut eigentlich, dass Ihr Sohn dermaßen viel säuft?"
„Nein", sagt Frau Bolle. „Es soll eine Überraschung sein."

🎙 Urgroßvater und Urgroßmutter sitzen in der guten Stube. Sie strickt und er guckt zu.
„Ich weiß was", sagt Urgroßvater. „Wir könnten wieder mal ins Kino gehen."
„Ach, Unsinn", sagt Urgroßmutter. „Da waren wir doch erst neulich."
„Das schon", sagt Urgroßvater. „Aber inzwischen haben sie den Tonfilm erfunden!"

Familie Hömpel feiert silberne Hochzeit und hat alle ihre Bekannten und Verwandten eingeladen. Bevor die Torte angeschnitten wird, erhebt sich Herr Hömpel und beginnt feierlich mit seiner Rede.
„Verehrte Anwesende", sagt er, „diese Torte hier auf dem Tisch hat meine teure Frau mit eigenen Händen gebacken. An jedem Hochzeitstag backt sie eine Torte und man kann sie durchaus als Meilensteine auf unserer Reise durchs Leben betrachten ..."

Hannes ist furchtbar in Silke verknallt. Für ihn existiert kein anderes Mädchen. Doch er ist viel zu schüchtern, um sich das anmerken zu lassen. Eines Tages aber gibt er sich einen Ruck und ruft Silke an. Mit feuchten Händen wählt er ihre Nummer und mit zitternder Stimme sagt er: „Hallo Silke, heute sind meine Eltern nicht zu Hause, und da möchte ich gerne eine Party geben ... nur für uns zwei ... willst du kommen?"
„Aber selbstverständlich", sagt Silke sofort. „Wer spricht denn dort?"

Weihnacht bei Familie Dämling.
„Und weil du so brav warst", sagt Herr Dämling zum kleinen Max, „darfst du dieses Jahr den Weihnachtsbaum anzünden!"
„Toll!", ruft Max und läuft ins Wohnzimmer. Nach einer Weile kommt er zurück und fragt: „Die Kerzen auch?"

Herr Hempel hat's nicht leicht mit seiner Frau.
„Alois", ruft sie aus der Küche ins Wohnzimmer, „sitzt du etwa schon wieder auf der neuen Couch?"
„Nein, Liebes!", ruft Herr Hempel zurück. „Ich sitze auf dem Boden."
„Dann hoffe ich aber sehr", ruft Frau Hempel, „dass du den Teppich zurückgeschlagen hast!"

„Sag mal, Erwin", sagt Frau Zwillich, „warum gehst du denn immer auf den Balkon, wenn ich im Zimmer singe?"
„Wegen der Nachbarn", sagt Herr Zwillich.
„Wieso wegen der Nachbarn?"
„Die sollen mich ruhig sehen, wenn du singst", meint Herr Zwillich. „Damit sie nicht glauben, dass ich dich verhaue."

Tante Frieda ist zu Besuch.
„Und stell dir vor", sagt sie zur kleinen Karla, „vorige Woche habe ich deine Mama im Kaufhaus gesehen. Ich habe gewinkt und gerufen, aber sie hat mich nicht gesehen."
„Weiß ich schon", sagt Karla.
„Woher weißt du das?"
„Mama hat es mir erzählt."

Die Reinermanns machen ihren Pflichtbesuch beim Onkel Albert. Es ist öde wie immer. Das Wohnzimmer ist ungeheizt, auf dem Tisch stehen bloß ein paar steinharte Kekse, und dann fängt Onkel Albert auch noch zu erzählen an.
Er erzählt von seiner Jugend als Lehrling in der Buchhaltung von Dröge und Co. Es ist einfach lähmend. Herr Reinermann muss gähnen.
„Was denn", fragt Onkel Albert. „Langweile ich euch etwa?"
„Aber nein", sagt Herr Reinermann. „Ich gähne nie, wenn mir langweilig ist. Ich gähne immer nur, wenn ich Hunger habe."

Anna ist ein wirklich furchtbar schüchternes Mädchen. Heute ist sie bei ihrer Freundin Gabi eingeladen, doch sie sitzt schweigsam vor der Suppe.
„Warum isst du nichts, Anna?", fragt Gabis Mutter besorgt.
„Kann nicht", sagt Anna.
„Wieso, ist dir nicht gut?"
„Hmm, doch ist mir gut", sagt Anna.
„Na, dann magst du wohl überhaupt keine Suppe?"
„Doch, schon", flüstert Anna.
„Dann schmeckt dir bloß unsere Kartoffelsuppe nicht?"
„Weiß nicht", sagt Anna.
„Na, dann probier doch!"
„Kann nicht", sagt Anna. „Und warum nicht?"
„Hab keinen Löffel."

🎵 Der kleine Jan und seine große Schwester Inge waren zum ersten Mal ein Wochenende lang allein zu Hause. Am Sonntagabend kommen die Eltern zurück und fragen, wie es war.

„Ganz prima!", ruft Jan. „Und war nie langweilig. Wir haben viele Ratespiele gespielt!"

„Wie nett!", sagen die Eltern. „Und was habt ihr geraten?"

„Am Vormittag habe ich Bilder gemacht", erzählt Jan, „und Inge hat raten dürfen, was ich gemalt habe. Dann hat sie Mittagessen gemacht, und ich habe raten dürfen, was sie gekocht hat."

Die Kringels gehen im Park spazieren. Mit dabei ist das Baby im Kinderwagen. Sie kaufen sich am Kiosk ein Eis und dann wandern sie weiter. Plötzlich kreischt Frau Kringel auf: „Herbert, das ist ja gar nicht unser Baby!"
„Psst, nicht so laut!", flüstert Herr Kringel. „Ich weiß ja. Aber dieser Kinderwagen ist viel schöner!"

Besuch bei Familie Mehlmann, doch der kleine Paul lässt sich nicht stören. Er hockt weiter vor dem Fernseher.
„Interessiert dich denn sonst gar nichts?", fragt Tante Sabine.
„Nö!"
„Auch kein schönes Buch?"
„Was soll denn das sein, ein Buch?", sagt Paul verächtlich.
„Na, die Dinger, aus denen man die Fernsehfilme macht!"

Frühjahrsputz bei Mümmelmanns. Herr Mümmelmann
hat eine tolle Idee, wie man die Fenster sauber bekommt.
„Pass auf", sagt er, „das machen wir so. Wir legen das
Bügelbrett auf die Fensterbank. Ich halte das Brett innen
und du stellst dich außen drauf. Dann kannst du bequem
putzen!"
Gesagt, getan. Frau Mümmelmann steht draußen auf dem
Bügelbrett, da klingelt es. Herr Mümmelmann lässt das
Brett los, läuft die Treppe hinunter – und traut seinen
Augen nicht. Vor der Haustür sitzt seine Frau auf dem
Boden und heult.
„Sag mal, Paula", ruft Herr Mümmelmann erstaunt,
„warst du das, die eben geklingelt hat?"

„Papi, gibst du mir zehn Euro? Ich möchte ins Kino gehen!"
„Kommt nicht infrage", ruft der Vater. „Du warst doch erst
gestern."
„Bitte!"
„Nein!"
„Gut", sagt der Sohn, „du hast es ja nicht anders gewollt.
Dann übe ich eben mit der Geige."

---

*„Ich habe morgen Geburtstag", erzählt der kleine Hubert
seinem Freund Uwe. „Und mein Papi hat gesagt, da darf ich
mir wünschen, was ich will. Ich wünsche mir eine Eisenbahn
mit Digitalsteuerung, eine Videoanlage und einen Hund!"
„Das ist ja toll!", ruft Uwe. „Aber – kriegst du das auch
wirklich?"
„Ob ich's auch kriege, das hat mein Papi nicht gesagt."*

🎧 „Mami, Mami, heute wollen wir Tiergarten spielen. Uwe und ich sind die Bären! Und du musst mitspielen!"

„Na schön", sagt die Mutter. „Und was habe ich dabei zu tun?"

„Du musst uns Bonbons zuwerfen!"

🎧 Der Meinungsforscher klingelt bei Mehlmanns.

„Ich hätte nur ein paar Fragen", sagt er und lehnt sich gegen die Tür, um den Fragebogen aus der Tasche zu ziehen. „Wir wollen herausfinden, was der Bevölkerung am meisten Sorgen bereitet."

„Ich mache mir keine Sorgen", sagt Herr Mehlmann.

„Aber Sie sollten sich Sorgen machen, und zwar um Ihren Mantel."

„Aber warum denn?", fragt der Meinungsforscher.

„Weil die Tür frisch gestrichen ist!"

Als Frau Gruber einige Tage zu ihrer Mutter fährt, muss sich Herr Gruber um die Familie kümmern. Die kleine Luise nützt das weidlich aus.

„Mag ich nicht, mag ich nicht", ruft sie, als Papa das Essen auf den Tisch stellt. Dann klopft sie mit dem Löffel im Kartoffelbrei herum.

„Luise, entweder du benimmst dich ordentlich, oder du gehst in dein Zimmer!", ruft Papa empört. Luise kichert.

„Was gibt es denn da zu lachen?", fragt Papa.

„Das ist wirklich komisch", sagt Luise, „wie gut du Mami nachmachen kannst."

Oma Müller ist schon ziemlich alt und wohnt in einer anderen Stadt. Und sie hat wenig Freunde zum Plaudern. Deshalb wollen ihr die Müllers einen Papagei zum Geburtstag schenken. Es soll ein besonders gesprächiger und intelligenter Vogel sein. Schließlich wird ein ausgesprochen teurer und gelehriger Vogel gefunden und gekauft. Er kostet immerhin 2000 Euro, aber der Verkäufer meint, das er es wert sei. Und er will ihn auch persönlich bei Oma Müller abliefern. An Omas Geburtstag ruft Herr Müller an und gratuliert ihr herzlich. Dann fragt er, ob das Geschenk gut angekommen sei.
„Oh ja", ruft Oma Müller. „Hat prima geschmeckt!"

Herr Schrack ist verstorben. Er war nicht gerade der beste und sanfteste aller Ehemänner und auch seine wenigen Bekannten hatten sich lieber von ihm fern gehalten. Die Trauergemeinde, die sich um das offene Grab versammelt, ist daher nicht besonders groß und auch nicht besonders betrübt. Der Pfarrer ist eben mit seiner kurzen Ansprache fertig geworden, da bebt plötzlich die Erde. Ein schauerliches Rumpeln läuft über den Friedhof. Schwefelgelbe Lichter tanzen auf dem Grabhügel und ein fernes Heulen ist zu hören.
„Aha", sagt Frau Schrack, „er ist also angekommen."

Irene ist bei Tante Dora auf Besuch.
„Das find ich nett, dass du vor dem Essen immer betest",
meint die Tante. „Machst du das zu Hause auch?"
„Nein", sagt Irene. „Zu Hause weiß ich, was ich kriege."

„Mein Sohn ist einfach unmöglich", schimpft
Herr Mehlmann. „Dauernd ist er hinter
mir her und bettelt mich um Geld an.
Immer nur Geld!"
„Das sieht man dem Kleinen ja gar nicht an!",
meint der Nachbar. „Was macht er denn mit dem vielen
Geld?"
„Weiß ich auch nicht", sagt Herr Mehlmann. „Ich geb ihm
ja keins."

„Na, Jürgen, was willst du denn mal werden, wenn du groß
bist?", fragt Onkel Heinrich.
„Soldat", sagt Jürgen. „Peng, peng!"
„Komm, Jürgen", sagt Onkel Heinrich. „Das ist doch nichts
für dich. Aber du bist erst vier. Wenn du groß bist, denkst
du sicher anders darüber."
„Nein", sagt Jürgen. „Ich will Soldat werden. Peng, peng!"
„Pass mal auf", sagt der Onkel, „Soldat sein, das ist eine ge-
fährliche Sache. Da kann man leicht totgeschossen werden!"
„Glaub ich nicht", sagt Jürgen. „Wer sollte mich denn tot-
schießen?"
„Na, der Feind!"
„Wenn das so ist", sagt Jürgen, „dann werde ich eben Soldat
beim Feind."

Ein kleiner Mann wendet sich an einen Polizisten. „Entschuldigen Sie, ich habe eine Bitte. Wären Sie so freundlich, der Frau Kepplinger auf Hausnummer 3 im dritten Stock zu sagen, sie soll aufhören, mit ihrem armen Mann so herumzuschreien?"
„Tja", sagt der Polizist. „Versuchen kann ich's ja. Sind Sie ein Nachbar?"
„Nein", sagt der kleine Mann. „Ich bin der Herr Kepplinger."

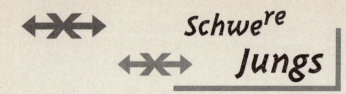

Schwere Jungs

⇥ Frau Knackenschrank besucht ihren Mann im Gefängnis. „So ein Pech, dass du ausgerechnet jetzt einen Hungerstreik machst."
„Warum ist das ein Pech?", fragt Ede Knackenschrank.
„Im Kuchen war eine Feile!"

⇥ Der Penner steht wieder einmal vor Gericht.
„Sie haben nach den Zeugenaussagen eine ältere Dame aggressiv um einen Euro angebettelt", sagt der Richter, „und sie dabei eingeschüchtert und bedroht. Bekennen Sie sich schuldig!"
„Halb schuldig", sagt der Angeklagte.
„Was soll das heißen, halb schuldig?"
„Na ja", sagt der Penner, „sie hat mir nur **50 Cent** gegeben."

Ede Knackenschrank hat heute Abend frei und sitzt vor dem Fernseher. Ede junior spielt währenddessen im Gitterbett. Da kündigt die Sprecherin einen Kriminalfilm an:
„Der König der Ausbrecher."
„Schnell, Junior, komm!", ruft Ede ins Kinderzimmer. „Studienprogramm!"

⇥ *„Papi"*, fragt Ede junior seinen Vater, „wie lange bist du mit Mami schon verheiratet?"
„Acht Jahre", sagt Ede Knackenschrank.
„So lange!", staunt Ede junior. „Und wie viele Jahre hast du noch?"

Sonntagnachmittag im Knast. Egons Zellengenossen sitzen zusammen und spielen Karten. Nur Egon guckt zu. Das sieht der Wärter und ist erstaunt.
„Na Egon", sagt der Wärter, „warum spielen Sie denn nicht mit den anderen?"
„Würden Sie denn gern mit Betrügern Karten spielen?"
„Eigentlich nicht", sagt der Wärter.
„Sehen Sie", sagt Egon, „die beiden wollen das auch nicht."

Charly der Schränker ist wieder einmal auf frischer Tat ertappt worden. Ein Polizist führt ihn ab und will ihn eben in das Polizeiauto befördern, als ein heftiger Windstoß durch die Straße fegt und dem Polizisten die Mütze vom Kopf weht. Sie kullert um die Ecke.
„Soll ich nachlaufen und Ihnen die Mütze holen?", fragt Charly hoffnungsvoll.
„Das täte dir so passen!", lacht der Polizist. „Damit du abhauen kannst! Nein, nein, du bleibst schön hier und die Mütze hol ich mir selber!"

↔ Olaf der Punk steht wieder einmal vor Gericht – die Anklage lautet auf „Erregung öffentlichen Ärgernisses". Zur Verhandlung hat er eine Menge Freunde mitgebracht. Jedes Mal, wenn der Richter den Mund aufmacht, brüllen sie: *„Hurra!"*. Da wird es dem Richter zu bunt.
„Den Nächsten, der ‚hurra' schreit, lasse ich rauswerfen!", droht er.
„Hurra!", brüllt Olaf.

↔ Vor Gericht wird ein schwerer Betrugsfall verhandelt.
„Ist es richtig", fragt der Richter, „dass Sie den Leuten Pillen verkaufen, die pro Stück **1000 Euro** kosten?"
„Ja", sagt der Angeklagte.
„Und Sie erzählen Ihren Kunden, dass derjenige, der diese Pillen einnimmt, ewig lebt?"
„Das ist richtig."
„Mit anderen Worten: Sie machen den Käufern weis, dass die Pillen gegen Krankheit und Tod helfen. Und Sie nehmen die Pillen auch selbst ein?"
„Ja", sagt der Angeklagte.
„Und ist es richtig, dass Sie wegen dieser Geschäfte schon einige Male verurteilt worden sind?"
„Stimmt!"
„Bitte erzählen Sie dem Gericht, wann Sie zuletzt eingesperrt wurden."
„Tja", sagt der Angeklagte. „Zuletzt war das im Jahr **1951** und davor in den Jahren **1890** und **1749**."

Der Verteidiger des kleinen Ganoven ist zuversichtlich. „Passen Sie auf", sagt er, „wenn Sie dem Richter höflich antworten, wenn Sie alles zugeben und den Rest mir überlassen, dann kommen Sie diesmal mit einem blauen Auge davon."
„Wieso denn das?", fragt der Gauner erschrocken. „Ich dachte, die Prügelstrafe ist abgeschafft?"

"Also, ich bin in der Küche gesessen und habe gerade Suppe gegessen", erzählt Herr Nowak auf der Polizeiwachstube, "da müssen die Einbrecher am Werk gewesen sein. Sie haben die Tür zum Wohnzimmer aufgebrochen, die Schränke umgestoßen und den Safe aufgebrochen."
"Und das haben Sie nicht gehört?"
"Ich sagte doch", erklärt Herr Nowak ärgerlich, "ich habe gerade Suppe gegessen."

Und wieder steht Ede wegen Einbruchs vor Gericht.
"Ich verstehe Sie nicht", sagt der Richter, "jetzt waren Sie zwei Jahre lang sauber und dann machen Sie diese Dummheit und brechen in das Kaufhaus ein – wegen eines Kleides!"
"Was soll ich machen", sagt Ede kleinlaut. "Meine Frau hat es sich so gewünscht!" Der Richter schüttelt den Kopf.
"Und warum, um alles in der Welt, sind Sie in der nächsten Nacht zurückgekommen und haben noch einmal eingebrochen?"
"Meine Frau", sagt Ede, "meine Frau wollte, dass ich es umtausche."

Ede junior hat sich von Papi den Wagen ausgeliehen und fährt mit Karacho durch die Stadt. Eine Polizeistreife rast hinter ihm her und stoppt den jungen Mann.
"Ihren Führerschein, bitte", sagt der Beamte.
"Wieso Führerschein?", fragt Ede erstaunt. "Den gibt's doch erst ab **18**!"

↔ *Überfall auf die Kreissparkasse.* Sofort springt der Direktor auf den Alarmknopf und bleibt darauf stehen. Und bleibt darauf stehen, während die drei maskierten Gangster die Geldbündel in ihre Tüten stopfen. Und er steht auf dem Alarmknopf, während sie davonstürmen, ins Auto springen und mit quietschenden Reifen davonrasen.
Der Direktor steht noch immer auf dem Alarmknopf, als das Telefon klingelt. Ein Polizist meldet sich und sagt: „Bei uns klingelt es und klingelt es. Wir sind schon ganz verrückt. Wahrscheinlich steht bei euch einer auf dem Alarmknopf!"

↔ „Sag mal, Heinz, warum bist du eigentlich Polizist geworden?"
„Weil das der einzige Beruf ist", sagt Heinz, „bei dem der Kunde immer Unrecht hat!"

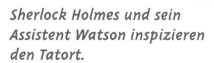

Sherlock Holmes und sein Assistent Watson inspizieren den Tatort.

„Ich vermute", sagt der geniale Detektiv, „dass der Täter noch bis vor kurzer Zeit ein starker Raucher gewesen ist!"
„Wie haben Sie denn das herausgefunden?", fragt Watson erstaunt.
„Ganz einfach", sagt Sherlock Holmes. „Er hat seinen Kaugummi im Aschenbecher ausgedrückt."

⟻✗⟶ Seit Wochen graben Ede und Paule Nacht für Nacht an einem unterirdischen Gang zum Keller der Bank. Endlich sind sie durch. Sie stehen vor dem Tresorraum – und Ede kann ihr Pech nicht fassen. „Verdammt, alles umsonst", knurrt Ede enttäuscht.
„Warum denn?", flüstert Paule.
„Kannst du denn das Schild nicht lesen?", sagt Ede.
„Da steht: ,*Eintritt für Unbefugte verboten!*'"

„Raubüberfall in der Bahnhofspassage", meldet der neue Polizist über Funk. „Zwei Männer haben einen Gepäckträger überfallen. Aber ich konnte einen von ihnen festhalten!"
„Verstanden", funkt die Zentrale zurück. „Welchen von ihnen?"
„Den Gepäckträger!"

Der Polizist hastet einem Verdächtigen nach und stellt ihn. „Ich nehme Sie vorläufig fest", ruft der Beamte. „Sie stehen im Verdacht, einen Kleinwagen geklaut zu haben!"
„Unsinn!", sagt der Mann. „Ich war's nicht. Und wenn Sie mir nicht glauben, dann durchsuchen Sie mich halt."

Ein Mann stürzt aufgeregt in die Polizeiwachstube.
„Ich komme eben aus dem Laden und will zu meinem Auto zurückgehen, da sehe ich, wie jemand die Scheibe einschlägt, die Tür aufreißt und mit meinem Auto davonbraust!"
„Und können Sie den Dieb beschreiben?", fragt der Polizist.
„Das nicht", sagt der Mann, „aber ich habe mir die Autonummer notiert!"

Der Richter Schöbl ist heute nicht mehr ganz auf der Höhe. „Sie behaupten also", herrscht er den Angeklagten an, „dass Sie einen Bruder haben. Aber eben hat Ihre Schwester gesagt, dass sie zwei Brüder hat ..."

„Ich verstehe nicht, warum Sie noch leugnen", sagt der Richter zum Angeklagten. „Ich kann Ihnen fünf Zeugen bringen, die gesehen haben, wie Sie das Fahrrad aus dem Kaufhaus schafften und damit abhauen wollten!"
„Na und?", sagt der Angeklagte. „Ich kann Ihnen fünf Millionen Zeugen bringen, die das nicht gesehen haben!"

„Sie geben also zu, das Fahrrad genommen zu haben", sagt der Richter zum Angeklagten.
„Ja, aber ich habe es für herrenloses Gut gehalten."
„Und wie sind Sie auf diese Idee gekommen?"
„Na ja", sagt der Angeklagte. „Es hatte an der Friedhofsmauer gelehnt. Und da dachte ich, der Besitzer ist bestimmt schon tot."

Zwei Autos sind zusammengestoßen und jetzt warten die beiden Fahrer auf die Polizei. Der eine Fahrer zieht plötzlich eine Schnapsflasche aus der Tasche und sagt: „Hier, nehmen Sie mal 'nen tüchtigen Schluck. Das hilft garantiert nach diesem Schreck!"
Der zweite Fahrer trinkt, wischt sich den Mund ab und sagt zum anderen. „Und Sie – Sie trinken nicht?"
„Doch", sagt der erste Fahrer. „Aber erst, wenn die Polizei da gewesen ist."

Der Franz und der Sepp haben im Wirtshaus tüchtig gerauft und der Franz hatte nachher ein Ohr weniger. Jetzt ist Gerichtsverhandlung. Sepps Verteidiger tut sein Bestes.
„Und Sie haben mit eigenen Augen gesehen", fragt er den Wirt, „wie der Sepp dem Franz das Ohr abgebissen hat?"
„Das habe ich nicht gesehen", räumt der Wirt ein.
„Na also!", ruft der Verteidiger.
„Aber ich habe gesehen", fährt der Wirt fort, „wie der Sepp dem Franz sein Ohr ausgespuckt hat."

Und dann gab es wieder einmal eine Wirtshausrauferei. Der Karl soll diesmal dem Toni einen Maßkrug hinterrücks auf den Kopf gehauen haben.
Der Dorfpolizist kann es gar nicht glauben.
„Lass dich mal anschauen, Toni", sagt er und untersucht Tonis Kopf. „Der Karl hat dir den Maßkrug auf den Kopf gehaut – komisch, da sieht man ja gar nichts!"
„Ja freilich nicht", sagt der Toni. „Es war ja der Maßkrug, der hin geworden ist!"

↔ „Wir wissen, dass Sie den Geldtransporter überfallen haben", sagt der Kommissar und zündet sich eine Pfeife an, während er dem Gangster hart ins Auge schaut. „Wir wissen das, aber wir haben keinen Beweis. Deshalb müssen wir Sie freilassen."
Der Gangster kann's gar nicht fassen. „Heißt das …"
„Sie können gehen", sagt der Kommissar.
„Und was ist mit dem Geld?", fragt der Gangster, „darf ich das behalten?"

↔ Paulchen wird geschnappt, als er im Laden eine Packung Zigaretten klauen will. Und weil das leider nicht das erste Mal ist, wird die Polizei gerufen.
„Wie heißt du?", fragt der Beamte.
„Paulchen."
„Und weiter?"
„Paulchen Bolle."
„Geboren am?"
„Was meinen Sie?"
„Na", sagt der Polizist, „wann du Geburtstag hast!"
„Sag ich nicht", sagt Paulchen mürrisch. „Sie schenken mir ja doch nichts."

Der Gefängnisdirektor geht in Pension und gibt der Zeitung ein Interview.

„Was betrachten Sie als Ihren größten Erfolg?", fragt der Reporter.
Der Direktor denkt nach. Dann sagt er: „Das war vielleicht die Sache mit **Schränker-Kurt** und **Knacker-Franz**. Die beiden waren nicht besonders helle, aber fleißige Einbrecher und gefährliche Ausbrecher. Also haben wir Kurt und Franz in den Hochsicherheitstrakt des Gefängnisses verlegt. Dort entwickelten sie eine geniale Methode, miteinander zu kommunizieren. Sie dachten sich einen geheimen Morsecode aus und trommelten ihre Botschaften auf den Heizungsrohren. Später gelang es uns doch, die Verbindung zwischen den beiden zu unterbrechen."
„Wie haben Sie das geschafft?", fragt der Reporter.
„Wir haben sie in verschiedene Zellen verlegt."

↔ Der Kriminalbeamte verhört den Verdächtigen.
„Also", sagt der Beamte. „Ihre erste Frau ist an Pilzvergiftung gestorben und hat Ihnen ein Haus hinterlassen. Ihre zweite Frau ist an Pilzvergiftung gestorben und hat Ihnen die Firma hinterlassen. Ihre dritte Frau ist an Pilzvergiftung gestorben und hat Ihnen den gesamten Schmuck hinterlassen. Und jetzt ist Ihre vierte Frau vom Kirchturm gefallen und hat Ihnen die Yacht hinterlassen."
Der Kriminalbeamte starrt den Verdächtigen an.
„Und das finden Sie nicht etwas merkwürdig?"
„Gar nicht", sagt der Verdächtige. „Sie wollte keine Pilze essen."

↔ Der kleine Rolf ist von Gangstern gekidnappt worden. Bei den Eltern meldet sich ein Anrufer:
„Wenn Sie nicht bis morgen eine Million Euro bereithaben, sehen Sie Ihren Sohn nie wieder!"
„Was machen wir bloß?", schluchzt die Mutter.
„Abwarten!", sagt der Vater grimmig.
Am nächsten Tag meldet sich der Anrufer wieder:
„Eine halbe Million Euro, sonst …"
„Abwarten", meint der Vater.
Nächster Tag, nächster Anruf: **„50 000 Euro, sonst …"**
„Siehst du", sagt der Vater grimmig. „Ich kenne unseren Rolf. Wenn wir noch zwei Tage warten, bieten uns die Gangster noch Geld, damit wir ihn zurücknehmen!"

Schlagzeile im Ostfriesischen Kreisblatt:
BANKÜBERFALL! RÄUBER ENTKOMMEN MIT ZWEI MILLIONEN EURO –
Polizei rätselt noch immer über das Tatmotiv.

Die beiden Einbrecher durchwühlen gerade das Schlafzimmer, als sie Polizeisirenen hören. „Schnell, Paule", zischt Ede. „Raus aus dem Fenster!"
„Bist du verrückt?", flüstert Paule. „Wir sind doch im dreizehnten Stock!"
„Na und?", ruft Ede. „Bist du etwa abergläubisch?"

↔ Ein junger Polizeibeamter ist ganz frisch von der Polizeischule gekommen. Und wie es das Unglück will, gerät er auf seinem ersten Streifgang mit einem Schläger aneinander. Peng! Ein Schlag und der Polizist liegt auf dem Pflaster ... Zum Glück hat sein Kollege das gesehen, eilt herbei und schlägt den Bösewicht in die Flucht. Doch auch der junge Polizist nimmt sofort Reißaus!
Endlich hat ihn der Ältere eingeholt und kann ihn festhalten. „Was ist denn los mit dir, warum rennst du denn weg?"
„Oh verdammt", sagt da der Junge, „jetzt hab ich doch glatt vergessen, dass ich Polizist bin! – Da, wo ich aufgewachsen bin, liefen wir immer weg, wenn sich mal einer blicken ließ ..."

✥ Rochus hat es ein für alle Mal satt. Nie bringt ihm das Christkind all die schönen Sachen, die er sich gewünscht hat. Heimlich geht er mit seinem alten Kinderwagen zur nächsten Kirche und schnappt sich eine Josefsfigur und eine Maria ohne Kind.
Zu Hause schreibt er dann seinen diesjährigen Wunschzettel: „Sehr verehrtes Christkind, ich wünsche mir dieses Jahr ein Rennrad, ein Pony und einen großen Farbfernseher. Solltest du mir diese Wünsche nicht erfüllen, siehst du deine Eltern nie mehr wieder …"

„Sag mal, Ede, warum haben sie dich denn schon wieder eingelocht?"
„Ich habe zu kurze Beine."
„Aber deshalb landet man doch nicht im Gefängnis!"
„Doch, wenn man auch noch zu lange Finger hat!"

✥ Klaus Klaumich steht wieder einmal vor Gericht.
„Wo arbeiten Sie eigentlich?", fragt der Richter.
„Ach, dort und da", sagt Klaus.
„Und wann?"
„Dann und wann."
„Und was arbeiten Sie?", will der Richter wissen.
„Ach, dies und das", meint Klaus.
„Tja", sagt der Richter, „diesmal werde ich Sie wohl hinter Gitter schicken müssen."
„Und wann komme ich wieder raus?"
„Ach", sagt der Richter, „früher oder später."

↔ *Richter:* „Angeklagter, warum haben Sie den Zahnarzt geschlagen?"
Angeklagter: „Er ist mir plötzlich auf den Nerv gegangen!"

„Ihr Name ist Horst Meier?", fragt der Richter.
„Richtig", sagt der Angeklagte.
„Als Sie nach der Rauferei festgenommen wurden, hatten Sie behauptet, Eberhard Müller zu heißen. Wie kommt denn das?"
„Wissen Sie", sagt der Angeklagte, „bei so einer Auseinandersetzung, da kenne ich mich manchmal selber nicht."

↔ Der Kommissar zu seinen Mitarbeitern: „Meine Herren, damit Sie es alle wissen, meine Frau wird in einem halben Jahr Mutter!"
Verlegenes Schweigen. Schließlich räuspert sich sein Assistent: „Und? Haben Sie schon jemand in Verdacht?"

↔ Hammer-Ede ist wieder verknackt worden. Aber diesmal führt er sich im Gefängnis besonders gut. Und als am Sonntag plötzlich ein Messdiener ausfällt, bietet er sich sofort an, diese Aufgabe zu übernehmen. Hinterher fragt ihn Keulen-Willi: „Na, hast du Schiss gehabt … ?"
„Das kannst du aber laut sagen", gesteht Ede, „seit meinem ersten Raubüberfall war ich nicht mehr so nervös!"

↔ „Jetzt stehen Sie schon wieder vor Gericht – und wieder, weil Sie einen Tresor aufgebrochen haben!", herrscht der Richter den Angeklagten an.
„Ja", sagt der Einbrecher, „ich habe ein Gesundheitsproblem, wenn ich einen Tresor sehe."
„Ach, welches denn?"
„Brechreiz!"

Spätnachts in der Gaunerkneipe. „Es gibt wohl niemanden auf dieser Welt, aus dem ich nicht noch was herausholen könnte", prahlt Erwin der Erpresser.
„Das will ich aber sehen!", sagt plötzlich ein Skelett und setzt sich mit an den Tisch.
„Kein Problem", grinst Erwin der Erpresser, „zehntausend Euro – oder ich mach Knochenmehl aus dir."

↔ Dracula überfällt eine Bank. *„Alles Geld her"*, brüllt er, „oder ich beiße!"
Der Kassierer bleibt gefasst und sagt: „Wir haben hier Sicherheitsglas!" Da zieht Dracula wieder ab. Doch am nächsten Tag ist er wieder da. „Geld her oder ich kratze!"
„Kein Problem", sagt der Kassierer, „in unser Sicherheitsglas können Sie gerne reinkratzen – aber Geld gibt's nicht!"
„Verdammt, dann nehme ich den Polizisten draußen als Geisel!", ruft Dracula.
„Machen Sie das mal", sagt der Kassierer. „Das ist der Typ, der mir dauernd die Strafmandate aufbrummt!"

„Schlimmes, sehr Schlimmes sehe ich für Sie voraus",
verheißt die Wahrsagerin ihrer Kundin. Sie wird ganz bleich.
„Wenn mich meine Kristallkugel nicht täuscht", murmelt sie,
„wird Ihr Mann bald umgebracht."
„Super", sagt die Kundin, „und wird mich die Polizei
kriegen?"

Zwei Skelette sitzen im Biergarten und trinken ein Bier nach dem anderen.
„Schön anzuschauen sind die beiden ja nicht", sagt der eine Kellner zum anderen, „aber eins muss man ihnen lassen: Saufen, das können sie!"

Der wilde Tom ist wegen Pferdediebstahls zum Tode verurteilt worden. „Ach, dieses Wetter", jammert er, „da bekomme ich immer wahnsinniges Kopfweh." Grinst der Sheriff und greift zum Strick: „Na, gegen das Wetter kann ich auch nichts machen. Aber gegen deine Kopfschmerzen, da hab ich ein prima Mittel!"

Schränker-Klaus steht vor Gericht.
„Können Sie beschwören, dass Sie am fraglichen Abend allein
zu Hause waren?", fragt ihn der Richter.
„Klar", sagt Schränker-Klaus.
„Und Sie sind sich im Klaren darüber, welche Folgen ein
Meineid haben würde?"
„Natürlich", meint Schränker-Klaus. „Ich bin doch schon
zwei Mal wegen Meineids gesessen!"

⇠⇢ Der Autodieb steht vor Gericht.
„Was ist Ihr Beruf?", will der Richter wissen.
„Imker", sagt der Angeklagte.
„Imker?", meint der Richter erstaunt.
„Wie viele Bienen haben Sie denn?"
„Vier", sagt der Angeklagte. „
„Eine in Bielefeld, eine in Münster und zwei in Berlin."

Einbrecher-Franze ist seit vielen Jahren im Geschäft. Doch so einen netten Empfang wie bei diesem Einbruch hat er noch niemals erlebt. Eben schleicht er durch die Küche, da dreht jemand das Licht auf. Franze erstarrt.
„Schön, dass Sie da sind!", begrüßt ihn der Herr des Hauses.
„Seit zwanzig Jahren weckt mich meine Frau in der Nacht auf, weil sie meint, bei uns wird eingebrochen. Jetzt bin ich echt froh, dass Sie endlich wirklich gekommen sind."

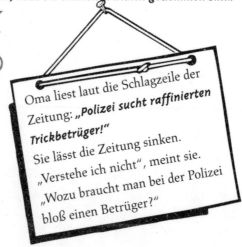

Oma liest laut die Schlagzeile der Zeitung: *„Polizei sucht raffinierten Trickbetrüger!"*
Sie lässt die Zeitung sinken.
„Verstehe ich nicht", meint sie.
„Wozu braucht man bei der Polizei bloß einen Betrüger?"

Kommt ein Bankräuber in die Bank marschiert und muffelt unter seiner Maske: „Alles Geld her oder ich puste dir den Mund voll Blei!"
„Super", antwortet der Bankkassierer und sperrt den Mund auf. „Sehen Sie – links unten der Backenzahn –, der braucht schon lange eine neue Füllung!"

⟵⟶ *Im Wilden Westen:*

Jack, der berüchtigte Räuber, trifft seinen Kumpel Doppelhand-Bill direkt vor der Bank von Richtown.
„Gut, dass ich dich treffe, Bill", knurrt Jack, „kannst du mir mal einen von deinen Colts leihen?"
„Klar doch", knurrt Bill, „den mit sechs Patronen oder den Neunschüssigen?"
Jack überlegt kurz, sagt „Moment mal" und stiefelt in die Bank.
Nach einer Weile kommt er wieder und knurrt: „Die haben mindestens sieben Beamte. Gib mir vorsichtshalber den Neunschüssigen."

⟵⟶ Der Polizist rennt dem flüchtigen Einbrecher nach. Die wilde Jagd führt über Straßen, über die Hinterhöfe und durch den Park. Der Beamte ist dem Einbrecher immer dicht auf den Fersen, aber er erwischt ihn einfach nicht. Nach einer halben Stunde sind die beiden total erschöpft und liegen keuchend auf der Wiese. Nach einer Weile rappelt sich der Polizist auf und sagt: „Na, wie schaut's aus? Packen wir's wieder?"

Der Häftling lässt sich den Backenzahn ziehen. Dann den Blinddarm herausnehmen. Dann die Mandeln entfernen. Als er wieder in die Zelle zurückkommt, droht ihm der Wärter: „Jetzt ist aber Schluss. Ich habe dich durchschaut. Du bist gar nicht krank. Du willst bloß stückweise abhauen!"

↔ Frau Panzerknacker und ihre Freundin unterhalten sich bei Kaffee und Kuchen, da kommt Panzerknacker-Kurt nach Hause. Er ist mit den Nerven völlig fertig. Zitternd gießt er sich einen Drink ein. Dann legt er sich nieder.
„Dein Mann hat ja wirklich einen aufreibenden Beruf", sagt die Freundin zu Frau Panzerknacker. „Dauernd diese Hochspannung beim Aufknacken der Panzerschränke!"
„Das ist es eigentlich nicht, was ihn so fertig macht", sagt Frau Panzerknacker. „Was ihn so nervös macht, ist die Heimfahrt mit der U-Bahn!"
„Was ist denn daran so aufregend?"
„Tja", sagt Frau Panzerknacker, „er fährt immer schwarz."

↔ Kalle ist wieder im Knast gelandet. Seine Kameraden begrüßen ihn johlend.
„Was hast du denn diesmal ausgefressen?", fragt Ede.
„Ich habe versucht, einen Polizisten zu bestechen", sagt Kalle.
„Womit denn?"
„Mit einem Messer."

Zwei Betrüger tauschen ihre Erfahrungen aus.

„Also, ich mache das meiste Geld beim Pokern", sagt der eine. „Ich kenne da ein paar wunderbare Tricks, wie man die Karten aus dem Ärmel zaubert. Und wie machst du dein Geld?"
„Ich wette bei Pferderennen", meint der andere.
„Ach!", staunt der Erste. „Und wo versteckst du dein Pferd?"

So ein Unsinn

Kennst du die Geschichte vom kleinen Jungen, der mit dem Zirkus abgehauen ist? – Er musste ihn am nächsten Tag wieder zurückbringen.

Safariurlaub in der afrikanischen Steppe. Die Reisegruppe wandert ein Stück zu Fuß. Alle schreiten tüchtig voran, nur Herr Schüble kommt nur mühsam voran. Er schleppt einen riesigen Stein mit.
„Was wollen Sie denn mit diesem Stein?", fragt der Reiseleiter.
„Den brauche ich, wenn ein Löwe kommt!", sagt Herr Schüble.
„Ach, und was wollen Sie damit machen, wenn ein Löwe kommt?"
„Dann lass ich ihn fallen", erklärt Herr Schüble.
„Was glauben Sie, wie schnell ich dann rennen kann!"

Der Hinterhuberbauer hat wieder einmal einen über den Durst getrunken und jetzt will er endlich ins Bett. Aber ganz einfach ist das nicht mit so einem gewaltigen Rausch. Schwankend steht der Hinterhuberbauer in seiner Schlafkammer, schwankend geht er auf das Bett zu und bum! *– liegt er auf dem Boden neben dem Bett. Und krabbelt wieder auf. Alles dreht sich um ihn herum. Und noch ein Versuch. Und wieder –* bum!, *daneben.*
„Jetzt mach ich's ganz anders", brummt der Hinterhuberbauer und rappelt sich hoch. „Jetzt lauf ich dem blöden Bett nicht mehr nach. Jetzt stelle ich mich hierher und wenn das Bett wieder vorbeikommt – dann springe ich hinein!"

> Ein Skelett sitzt auf dem Grab und pafft fröhlich vor sich hin. Kommt ein anderes Skelett und sagt: „Jetzt sag mal, rauchst du denn noch immer?"
> „Schon", sagt der Raucher, „aber keine Lungenzüge!"

„Ich bin dick und nahrhaft", sagt die Kartoffel zum Spargel. „Du bist dünn und wässrig. Ich versteh einfach nicht, warum du so viel teurer bist als ich!"
„Tja", lacht der Spargel, „Köpfchen muss man haben!"

Der Kunde betritt die Bank und blättert fünf Hunderteuroscheine auf den Schalter.
„Bitte geben Sie mir dafür einen Fünfhunderteuroschein. Ach ja. Und es soll ein Geschenk sein. Bitte machen Sie den Preis ab."

Herr und Frau Pott gehen in die Oper und schauen sich „Don Carlos" an. Der Sänger, der den Don Carlos gibt, ist stimmlich nicht ganz auf der Höhe. Er quietscht und rumpelt, und außerdem fuchtelt er dramatisch herum.
„Lass uns gehen", flüstert Herr Pott. „Ich halte den Kerl einfach nicht aus!"
„Aber ich will bleiben!", flüstert Frau Pott zurück. „Ich kenne das Stück. Am Ende bringen sie den Don Carlos um und das lasse ich mir nicht entgehen!"

Das Neueste vom zerstreuten Professor: Neulich guckt er sich statt in den Handspiegel in die Kleiderbürste. „Verflixt", brummt er, „hab schon wieder vergessen, mich zu rasieren."

- Ewald und Oswald dürfen in der Küche des Irrenhauses helfen. Da klingelt die Eieruhr. Sie klingelt und klingelt.
  „Nun heb doch schon endlich ab!", ruft Ewald.
  „Bin ich denn blöd?", brummt Oswald. „Das ist nämlich gar kein Telefon, sondern eine Eieruhr. Da hat sich sicher einer verwählt."

- Das Skelett will sich eine Hose kaufen.
  „Da hätten wir eine elegante Hose aus Schurwolle", sagt der Verkäufer, „oder wie wär's mit einer Cordhose? Sehr zu empfehlen wäre auch diese knitterfreie Baumwollhose."
  „Nein, nein", sagt das Skelett. „Ich will eine Jeans."
  „Und warum?"
  „Die hält ein Leben lang."

- Bei der Firma Knoll, Knoll und Knoll klingelt das Telefon.
  „Knoll, Knoll und Knoll", meldet sich die Sekretärin.
  „Geben Sie mir Knoll, Knoll und Knoll", verlangt die Stimme.
  „Wer spricht denn dort?"
  „Finanzamt, Finanzamt und Finanzamt!"

Leserbrief im Schottischen Tagblatt:
„Wenn Sie nicht sofort aufhören, diese dummen, rassistischen und diskriminierenden Schottenwitze abzudrucken, muss ich meinen Frisör bitten, Ihr Blatt abzubestellen."

Die Dame mit den ungewöhnlich großen Füßen geht stolz im Schuhladen auf und ab und strahlt. "Endlich habe ich einmal Schuhe gefunden, die mir wirklich passen. Und wie wunderbar leicht sie außerdem sind!"
"Kein Wunder", sagt die Verkäuferin. "Was Sie anhaben, sind die Kartons!"

Der kleine Klaus kommt heulend von der Schule nach Hause.
"Die anderen Kinder lachen mich immer aus, weil ich so große platte Füße habe!", ruft er weinend.
"Ach komm, Kläuschen", tröstet Mami. "Das stimmt doch gar nicht. Kinder erzählen oft dummes Zeug. Das darf man nicht so wichtig nehmen. Und jetzt darfst du dir ein Plätzchen aus der Küche holen!"
Der kleine Klaus steht wie angewurzelt.
"Warum läufst du nicht in die Küche?", fragt ihn die Mutter.
"Ich kann nicht", sagt Kläuschen. "Du stehst mir auf den Füßen."

"Frechheit! Da habe ich dir meine schönste Langspielplatte geliehen und dann hast du sie mir total zerkratzt!"
"Hab ich nicht! Ich hab dir bloß die tollsten Stellen angekreuzt!"

Herr Knolle ist auf der Autobahn unterwegs. Da sieht er im Rückspiegel plötzlich ein kleines, gefiedertes Ding herankommen. Herr Knolle tritt aufs Gas, doch das kleine, gefiederte Ding lässt sich nicht abschütteln und kommt immer näher. So schnell Herr Knolle auch fährt – das kleine, gefiederte Ding überholt ihn und biegt bei der nächsten Ausfahrt ab. Herr Knolle fährt hinterher. Das kleine, gefiederte Ding springt über die Leitplanke, hüpft über die Hecke und ist verschwunden. Herr Knolle fährt rechts ran und läuft dem rätselhaften Wesen nach. Da kommt er bei einem Bauernhof vorbei.
Er klopft und ruft: „Haben Sie dieses kleine, gefiederte Ding gesehen, das durch die Gegend rast?"
„Klar", sagt der Bauer. „Das ist eins unserer dreibeinigen Hühner!"
„Was!", sagt Herr Knolle. „Sie haben dreibeinige Hühner?"
„Klar", sagt der Bauer. „Das ist praktisch. Ein Schenkel für mich, einer für meine Frau und einer für meinen Sohn. Da gibt es keinen Streit mehr."
„So etwas", sagt Herr Knolle. „Und – wie schmeckt so ein dreibeiniges Huhn?"
„Keine Ahnung", sagt der Bauer. „Wir haben noch keins erwischt."

„Ich hab dauernd so Schmerzen in der Hüfte", klagt das eine Skelett. „Hoffentlich kann mir noch geholfen werden!"
„Warst du denn schon beim Arzt?", fragt das andere Skelett.
„Doch, war ich. Aber der Doktor muss erst die Röntgenbilder abwarten."

👑 Jetzt herrscht schon seit Wochen wunderschönes Wetter. Der Himmel ist blitzblank und blau. Da wird es den Engeln im Himmel zu dumm. Sie melden sich bei Petrus an.
„Bitte, lieber Petrus, mach endlich ein paar Wolken, bitte, bitte!"
„Aber warum denn?", brummt Petrus.
„Damit wir uns endlich wieder mal hinsetzen können!"

Der kleine Spatz hat sich zu weit an den Rand des Nestes gewagt. Und jetzt ist er hinausgefallen und fällt und fällt und fällt noch immer …
„Alles in Ordnung?", ruft Mutter Spatz.
„Bis jetzt schon", ruft der kleine Spatz zurück.

Da war doch dieser Dummkopf, der im Laden eine durchgebrannte Glühbirne verlangte. Er brauchte sie für seine neue Dunkelkammer.

👑 Ein Leichenwagen fährt durch die Straße. Am Gehsteig winkt ein Skelett und ruft: *„Hallo Taxi!"*

👑 Zwei Irre in der Straßenbahn.
„Welche Schuhnummer hast du eigentlich?"
„Halb zwei!"
„Dann müssen wir bei der nächsten Station aussteigen."

Wieder einmal ist Emil aus der Nervenheilanstalt ausgebüxt. Nach drei Tagen hat man ihn wieder gefunden, in einer U-Bahn-Toilette. Jetzt ist er wieder in der Anstalt und seine Freunde fragen ihn, wo er war.
„Bei einem Riesen im Keller", sagt Emil.
„Wieso, hast du den Riesen gesehen?"
„Das nicht", sagt Emil. „Aber seine Spielzeugeisenbahn."

Vor der großen musikalischen Fernsehshow. Alle Musikanten stehen bereit, nur der Zitherspieler fehlt noch. Aufgeregt läuft der Regisseur herum und brüllt: „Verflixt und zugenäht, in fünf Minuten gehen wir auf Sendung. Wo ist denn dieser Kerl!"
Meldet sich der Assistent: „Der Zitherspieler? Der sitzt im Kühlschrank in der Kantine. Ich glaube, der macht sich für seinen Auftritt kalt."

Der **Weihnachtsmann** steht völlig betrunken an der Bar und bestellt sich noch einen doppelten Korn.
„Ich halte diese Ungerechtigkeit nicht aus", sagt er mit schwerer Zunge.
„Welche Ungerechtigkeit?", fragt der Wirt.
„Na", lallt der Weihnachtsmann. „Mich gibt es überhaupt nicht. Und Sie – Sie gibt es doppelt!"

👑 Vor dem großen Himmelstor stehen zwei Männer und bitten um Einlass – ein Pfarrer und ein Taxifahrer. Petrus sieht den Taxifahrer, strahlt über das ganze Antlitz und winkt ihn in den Himmel. Dann mustert er den Pfarrer streng und wiegt bedenklich das Haupt.

„Wieso lässt du den Taxifahrer rein und mich nicht?", ruft der Pfarrer. „Zeit meines Lebens habe ich mich bemüht, dass meine Gemeindemitglieder morgens und abends gebetet haben!"

„Tja", sagt Petrus. „Aber wie dieser Taxifahrer gefahren ist, da haben alle ständig gebetet!"

Heiner und Holger gucken sich einen alten Wildwestfilm an. John Wayne, der berühmte Westernheld, reitet gerade in die Stadt ein. Auf den Dächern liegen Schurken auf der Lauer. Jetzt wird es richtig spannend.

„Ich wette mit dir um zehn Euro, dass er gleich vom Pferd fällt", flüstert Heiner. „Und ich wette mit dir, dass er oben bleibt", flüstert Holger zurück.

Da fangen die Banditen plötzlich an wie wild zu schießen, das Pferd scheut, steigt auf und wirft John Wayne ab.

„Ich hab verloren", sagt Holger und sucht nach dem Geld.

„Lass mal", sagt Heiner, „ich habe geschwindelt. Ich hab den Film nämlich schon mal gesehen."

„Ich hab ihn auch schon gesehen", flüstert Holger, „aber ich habe nicht geglaubt, dass John Wayne so blöd ist und schon wieder runterfällt!"

Frühmorgens wankt Graf Dracula nach Hause. Er ist so beschwipst, dass er Mühe hat, in den Sarg zu klettern. „Glaub bloß nicht, dass ich dir helfe", zischt Gräfin Dracula. „Was musst du auch immer Säufer beißen!"

🎩 Zwei Skelette beschließen, auf Urlaub ans Meer zu fahren. Vorsichtig buddeln sie sich aus den Gräbern und machen sich auf den Weg.
Das eine Skelett schultert den Grabstein und flüstert: „Los, nimm dir deinen Stein!"
„Ich bin doch nicht verrückt", flüstert das andere Skelett, „und schleppe dieses schwere Ding mit mir herum!"
„Na, du Schlaumeier", sagt das Skelett mit dem Grabstein, „dann erkläre mir, wie wir ohne Ausweis über die Grenze kommen!"

Zwei Damenschirme im Schirmständer. Kommt ein Spazierstock dazu. „Iiii!", kreischen die Schirme. „Ein nackter Mann!"

🎩 **Verkäuferin:** „Womit kann ich dienen?"
Kunde: „Ich brauche eine Unterhose."
Verkäuferin: „Und wie lang?"
Kunde: „Den ganzen Winter."

Zwei Tomaten treffen sich auf der Straße. „Hallo Tomate!", ruft die eine. In diesem Moment wird sie von einem Auto überfahren. „Tschüss, Ketschup!", ruft die andere.

„Herr Ober, in meiner Suppe schwimmen vier Fliegen!"
„Gott, wie niedlich!", ruft der Ober. „Eine Staffel!"

„Wir müssen diesen Gast unbedingt aus dem Lokal kriegen", sagt der Kellner zum Wirt. „Er sitzt seit zwei Stunden am Tisch in der Ecke und schläft."
„Na, dann wecken Sie ihn doch auf", sagt der Wirt.
„Das ist mir aber unangenehm!"
„Warum denn das?"
„Ich habe ihn doch schon dreimal geweckt", sagt der Kellner verlegen. „Und jedes Mal hat er seine Rechnung bezahlt und dann ist er einfach wieder eingeschlafen."

Zwei Irre unterhalten sich.
„Meine neue Freundin hat einen Zwillingsbruder", erzählt der eine.
„Na, hoffentlich verwechselst du die beiden nicht", sagt der andere Irre.
„Keine Sorge", sagt der erste Irre. „Die mit dem Schnurrbart, das ist meine Freundin."

In der Kneipe unterhalten sich zwei Bekannte. „Sag mal, Fritz", sagt der eine, „wer ist denn bei euch eigentlich der Herr im Haus?"
„Das haben wir genau aufgeteilt", sagt Fritz. "Jeder hat seinen Bereich, in dem er bestimmt, wo es langgeht. Meine Frau ist zum Beispiel für die Kinder und für den Hund zuständig."
„Und du?"
„Ich?", sagt Fritz. „Na, für die Blumen."

Josef Schüble hat genug vom Geplapper der Welt. Er geht ins Kloster, um den Sinn des Lebens zu finden, und wird im strengen Orden der Schweigianer aufgenommen. Die Ordensbrüder sind zum Schweigen verpflichtet. Nur einmal im Jahr dürfen sie mit dem Abt sprechen, aber auch immer nur zwei Worte. Ein Jahr ist Bruder Josef nun schon bei den Schweigianern. Und nun tritt er dem Abt gegenüber.
„Was willst du mir sagen?", fragt ihn der Abt. „Aber vergiss nicht: Du darfst nur zwei Worte sagen."
Bruder Josef denkt nach und sagt: „Mehr Brot!"
Nach einem weiteren Jahr tritt Bruder Josef abermals vor den Abt. „Was willst du sagen, Bruder Josef?"
Bruder Josef sagt: „Mehr einheizen!"
Wieder vergeht ein Jahr und wieder sagt der Abt: „Bruder Josef, was sind deine zwei Worte?"
„Ich kündige!"
„Ich muss gestehen", sagt der Abt, „dass ich erleichtert bin. Jetzt bist du drei Jahre hier, Bruder Josef, und alles, was ich von dir gehört habe, waren Beschwerden."

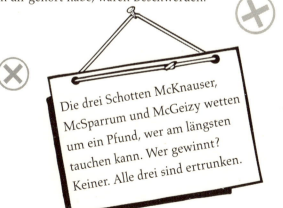

Die drei Schotten McKnauser, McSparrum und McGeizy wetten um ein Pfund, wer am längsten tauchen kann. Wer gewinnt? Keiner. Alle drei sind ertrunken.

Der Papst stirbt und kommt in den Himmel.
Ein Unterengel weist ihm eine bescheidene Kammer zu.

Tags darauf kommt ein Lehrer in den Himmel. Alle Engel treten zur Begrüßung an und Petrus persönlich geleitet den Lehrer in seine prachtvollen, weitläufigen Räumlichkeiten.

Der Papst sieht das alles und ist sauer. „Hören Sie bitte, Sankt Petrus", sagt der Papst, „ich will mich ja nicht in himmlische Angelegenheiten einmischen. Aber komisch ist das schon. Mich, der ich immerhin der Vertreter Gottes auf Erden war, steckt man in dieses fensterlose Loch. Und dieser Lehrer residiert in einem Palast!"

„Eure Heiligkeit", sagt Sankt Peter, „ich verstehe Ihr Problem. Aber Sie müssen das so sehen. Päpste haben wir haufenweise hier heroben. Aber Lehrer sind bis heute noch keine in den Himmel gekommen."

Moritz ist wieder mal aus der Nervenheilanstalt entlaufen. Aber man hat ihn bald wieder erwischt und zurückgebracht.

„Wo habt ihr ihn denn gefunden", fragt der Arzt den Wärter.

„In einer Drehtür. Da hat Moritz drei Tage lang gesteckt."

„Warum denn das?"

„Er sagt, er hat die Klinke nicht finden können."

Dann war da noch die traurige Geschichte von den zwölf dummen U-Boot-Matrosen. Mitten im Meer starb der Motor ab. Er wollte einfach nicht mehr anspringen. Die Matrosen ertranken beim Versuch, das U-Boot anzuschieben.

Der reiche Geizhals liegt im Sterben. „Verdammt noch mal", wimmert er, „ich will aber all mein Gold mit mir nehmen in die andere Welt!"
„Das geht nicht", sagt der Pfarrer.
„Aber warum nicht!", ruft der Geizhals voller Trotz.
„Es würde keinen Sinn machen", sagt der Pfarrer. „Das Gold würde doch bloß schmelzen."

Herr Blödel gräbt ein tiefes Loch im Garten.
Der Nachbar guckt über den Zaun und fragt: „Was machen Sie denn da?"
„Unser Bello ist gestorben", seufzt Herr Blödel, „und jetzt schaufle ich ihm ein Grab aus."
„Oh, das tut mir Leid!", sagt der Nachbar. „Aber die beiden anderen Löcher – wozu sind die?"
„Die habe ich vorher auch für den Bello gegraben", sagt Herr Blödel. „Aber sie waren einfach nicht tief genug."

Auf einer Parkbank sitzen drei Männer. Der in der Mitte liest Zeitung, doch die beiden anderen angeln. Zwar haben sie keine Angelrute und keine Leine, und Wasser gibt es auch keines in der Nähe. Doch unverdrossen werfen sie die Leine aus und kurbeln und zerren an der Rute. Kommt ein Polizist vorbei und sagt zum Mann in der Mitte:
„Sagen Sie, kennen Sie diese beiden Burschen neben Ihnen?"
„Na klar", sagt der Mann in der Mitte. „Das sind meine Freunde. Die angeln."
„Na klar, die angeln", sagt der Polizist ärgerlich.
„Wissen Sie was: Hier ist Angeln verboten. Ich gebe Ihnen zehn Sekunden, dann sind Sie alle drei von hier verschwunden!"
„Ist ja gut", sagt der Mann, lässt die Zeitung sinken und fängt mit aller Kraft an zu rudern.

Kunde: „Ach, geben Sie mir doch bitte ein Viertelpfund von der Nüssemischung!"
Verkäufer: „Gerne. Welche Sorten von Nüssen?"
Kunde: „Alle, die Sie haben. Bloß keine Kokosnüsse."

Im Hutladen. Vor dem Spiegel steht ein Kunde und probiert einen Hut an. Der Hut rutscht ihm über Ohren und Augen.
„Viel zu groß", sagt der Kunde.
„Wie wollen Sie denn das wissen?", sagt der Verkäufer.
„Sie können ja gar nichts sehen!"

Die beiden Jungen haben einen ganzen Sack voller leerer Pfandflaschen im Park gesammelt. Jetzt wird es langsam Abend und sie wollen die Flaschen aufteilen, ohne dass sie jemand stört. Deshalb gehen sie auf den Friedhof. Beim Eingang fallen zwei Flaschen aus dem Sack. „Lass mal", sagt der eine Junge, „die holen wir später."
Dann setzen sie sich auf eine Bank. „Eine Flasche für mich, eine für dich, eine für mich …"
Da kommt eine ältere Dame vorbei. Sie ist schon halb blind und außerdem ist es dunkel geworden. Aber sie hört noch gut. „Eine für mich, eine für dich …", sagen die Stimmen. Die ältere Dame erschrickt. Dann läuft sie so schnell wie möglich zur Polizei.
„Auf dem Friedhof sind zwei Gespenster, rasseln mit den Knochen und teilen sich die Leichen auf!", ruft sie voller Angst. „Ich habe es genau gehört. Kommen Sie schnell!"
Der Polizist versucht, die Dame zu beruhigen. Aber es hilft nichts. Er muss mitkommen.
Beim Tor bleiben sie stehen. Und aus der Dunkelheit des Friedhofs dringen unheimliche Stimmen: „Eine für mich und eine für dich. Fertig. Und die beiden Flaschen beim Eingang dürfen wir auch nicht vergessen!"

Herr Popp liest in der Zeitung. „Hör mal, was da steht", sagt er zu seiner Frau. „Jedes sechste Kind, das zur Welt kommt, ist ein Chinese!"
„Um Himmels willen!", ruft Frau Popp. „Das muss ich sofort der Frau Mehlmann sagen. Die haben schon fünf Kinder!"

In eine kleine Stadt in Oberbayern kommt eines schönen Sommertages der Revisor. Er will die Filiale der Bank überprüfen. Er geht hinein, aber niemand ist zu sehen. Da geht er zum rückwärtigen Fenster und erblickt den Filialleiter, den Kassierer und den Buchhalter. Sie sitzen unter zwei schattigen Bäumen und spielen Karten!

Da drückt der Revisor auf den Überfallknopf, um die pflichtvergessenen Angestellten aus ihrer Ruhe aufzuschrecken. Die Klingel schrillt weit über den Marktplatz.

Eine Minute später kommt der Kellner aus dem Biergarten gegenüber und bringt drei Maß Bier.

In der „Lindenstraße" soll es Nachwuchs geben. Der Regisseur hat es eilig: „Also – ich brauche morgen zwei Babys, drei Wochen alt. Aber bitte mit Filmerfahrung!"

Im Hallenbad der Nervenheilanstalt planschen zwei Patienten herum. Plötzlich guckt der eine auf die Uhr und sagt: „Verdammt, schon fünf Uhr. Trink aus, wir müssen gehen."

Zwei Bauern sitzen im Wirtshaus. „Pfui", ruft der eine, *„da stinkt's!"*

„Das ist der Poldinger Sepp!", ruft der andere.

„Aber der Poldinger Sepp ist ja noch gar nicht da!", meint der eine.

„Wird schon noch kommen!", sagt der andere.

Frau Hutzelmann hat sich beim Trödler einen Fächer für fünf Euro gekauft. Zwei Stunden später ist sie wieder da und hält dem Händler den zerbrochenen Fächer erbost unter die Nase.
„Was haben Sie damit gemacht?", erkundigt sich der Mann.
„Na, was wohl: Ich habe ihn vor meinem Gesicht hin und her geschwenkt!"
„Tja, gute Frau", sagt der Trödler, „das können Sie mit einem Fächer für zehn Euro machen. Bei einem für fünf Euro hält man den Fächer fest und schwenkt das Gesicht hin und her!"

„Das ist ein realistisches Stück!", sagt die Schauspielerin zum Regisseur. „Und ich will auf der Bühne daher keinen Apfelsaft, sondern Sekt!"
„Einverstanden", sagt der Regisseur. „Und das Gift im letzten Akt – soll das auch echt sein?"

Nächtliche Begegnung im Wald. „Na, wie geht's denn so?", fragt der erste Vampir.
„Tja, man beißt sich so durch ...", meint der andere.

„Wir haben einen blinden Passagier an Bord", funkt der Kapitän an seinen Heimathafen. „Was sollen wir tun?"
Funkt die Reederei zurück: „Versuchen Sie ihn zu trösten – was gibt's da draußen auf dem Ozean schon groß zu sehen!"

🕸 Nächtliches Geflüster im Stadtpark: „Ich hab eine gute und eine schlechte Nachricht für dich, Liebling", meint er zärtlich. „Die gute: Ich habe **um Schlag zwölf** eine Überraschung für dich …"
„Und was ist die schlechte?"
„Ich bin der Sohn von **Dracula**!"

„Nun, die Wohnung gefällt mir eigentlich recht gut", sagt Herr Seiler zum Vermieter. „Nur diese große Pulverfabrik gegenüber – die ist wohl nicht das Wahre!"
„Ach, stören Sie sich doch nicht dran, die fliegt ohnehin eines Tages in die Luft!"

🕸 Zwei begeisterte Jogger sitzen bei einem Glas Milch und philosophieren:
„Also, wenn ich mal tot bin", überlegt der eine, „dann soll man mich einäschern."
„Tatsächlich – wieso denn das?"
„Ich möchte dann in einer Sanduhr weiterlaufen …"

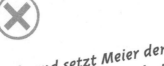

Stöhnend setzt Meier den schweren Holzträger ab. „Wundert mich nicht, dass keine Skelette auf dem Bau arbeiten – bei der Knochenarbeit!"

🜲 Auch in der Vampirschule hat man es nicht leicht. Kommt also frühmorgens, knapp vor Sonnenaufgang, der kleine Vampir Wladus heulend in die Schlossgruft heimgeflattert.
„Was ist denn los, mein Kleiner?", fragt Mama Vampir.
„Dieser blöde Lehrer", schimpft Wladus. „Fünfzig Mal pro Nacht soll ich schreiben: ‚Ein Vampir darf nicht kratzen'!"
„Da hat dein Lehrer aber Recht", schimpft Mutter Vampir, „oft genug hab ich dir schon gesagt, dass du nicht kratzen sollst. Du sollst beißen!"

Das Skelett wird überfallen. „Geld oder Leben!", brüllt der Räuber und fuchtelt mit seiner Pistole herum.
Doch das Skelett bleibt ganz gelassen: „Bedienen Sie sich ruhig", sagt das Skelett. „Nehmen Sie, was immer Sie finden."

🜲 Treffen sich zwei Skelette mitten im Winter.
„Saukalt ist es heute", sagt das eine.
„Ganz deiner Meinung", sagt das andere Skelett. „Man friert bis auf die Knochen."

Weswegen schlafen Skelette nie ohne Sarg?
Weil sie Angst vor grabenden Hunden haben.

Draußen regnet es in Strömen. Das Skelett geht ins Kaufhaus und verlangt einen Schirm. Die Verkäuferin ist ziemlich verwirrt.

„Was schauen Sie denn so dumm", meint das Skelett ärgerlich, „glauben Sie vielleicht, ich will bis auf die Haut nass werden?"

- Das Skelett will sich ein Sommerhemd kaufen.
  „Da hätten wir wunderschöne Seidenhemden im Angebot", rät ihm die Verkäuferin.
  „Ach nein", sagt das Skelett, „da schwitzt man immer so."

Der alte Hinterhuber wird zu Grabe getragen.
„Na, sehr oft hab ich ihn in meiner Kirche ja nicht begrüßen können ...", meint der Pfarrer bedauernd.
„Hast Recht, Herr Pfarrer", antwortet der Bürgermeister, „und wenn mir'n heut net einitragen hätten, wär er wieder net kemma!"

- Fußappell beim Militär.
  „Schütze Heinemann", brüllt der Feldwebel los, „ist ja nicht zu fassen, was für dreckige Füße Sie haben. Nehmen Sie sich ein Beispiel an Ihrem Nebenmann. Der hat echt saubere Füße!"
  „Jawoll, Herr Hauptfeldwebel", entschuldigt sich Heinemann, „aber der hat auch kleinere Füße. Die meinen passen nicht in den Kochtopf."

Der Mann mit den wirklich großen Füßen kommt ins Kaufhaus.
„Ich brauche", sagt er, „ein paar leichte Schuhe in Größe 57. Haben Sie welche auf Lager?"
„Hier nicht", sagt der Verkäufer. „Aber versuchen Sie's mal im ersten Stock. Abteilung Paddelboote!"

Der Onkel Doktor

Der Patient leidet an schwerer Schlaflosigkeit. Seine Augen liegen tief in den Höhlen, er ist blass und seine Hände zittern vor Erschöpfung. Der Arzt verschreibt ihm ein Schlafmittel. Nach einer Woche ist der Patient wieder beim Arzt. Seine Augen liegen noch tiefer in den Höhlen, sein Gesicht ist noch blasser und seine Hände zittern noch mehr.
„Hat Ihnen das Mittel nicht geholfen?", erkundigt sich der Arzt besorgt.
„Teilweise", sagt der Patient.
„Was meinen Sie damit?"
„Ich habe tief und fest geschlafen", erzählt der Patient. „Aber ich habe geträumt, dass ich nicht schlafen konnte."

„Mein Mann bildet sich ein, eine Glühbirne zu sein", klagt Frau Hingerl. „Und niemand kann ihm das ausreden. Was soll ich bloß tun?"
„Na, vielleicht hilft ein leichter Klaps auf den Hinterkopf", rät der Arzt.
„Viel zu gefährlich!", sagt Frau Hingerl. „Wenn er kaputt-geht, sitzen wir im Finstern."

In der Nervenheilanstalt unterhalten sich zwei Patienten.
„Der Neue da drüben, der war früher Sortierer in einem Obstladen."
„Aha. Und warum ist er jetzt bei uns?"
„Er hat es zu genau genommen."
„Wie denn das?"
„Er hat die krummen Bananen immer weggeworfen!"

Der Patient kann nachts einfach nicht schlafen.
„Was ich auch unternehme", beklagt er sich beim Arzt,
„alle zwei Stunden wache ich wieder auf!"
„Hmm", brummt der Doktor, „wissen Sie, ich halte nichts
von Schlafmitteln. Viel besser wäre es, die Ursache Ihrer
Schlaflosigkeit zu beseitigen."
„Das geht leider nicht", seufzt der Patient.
„Und warum nicht?"
„Wissen Sie, meine Frau hängt so an unserem Baby!"

„Hören Sie, Herr Doktor", ruft der Patient im Krankenhaus aufgebracht. „Sie sollten mich an der großen Zehe operieren – und jetzt kann ich das ganze Bein nicht mehr bewegen."
Der Arzt versucht, sich zu verteidigen „Das tut mir furchtbar Leid, aber … "
„Ach!", schreit der Patient. „Das tut Ihnen Leid. Ich sage Ihnen, das wird Sie Millionen kosten!"
„Aber ich bin doch kein Millionär!", sagt der Arzt.
„Und ich", ruft der Patient, „bin ich vielleicht ein Tausendfüßler?"

„Gestern habe ich mich noch pudelwohl gefühlt", erzählt Frau Mümmelmann.
„Und heute geht es mir schon wieder sauschlecht. Ich fühle mich hundeelend und weiß einfach nicht, was ich machen soll!"
„An Ihrer Stelle, Frau Mümmelmann", sagt die Nachbarin, „würde ich mal einen Tierarzt fragen."

Frau Karlinger muss sich den Blinddarm herausnehmen lassen. „Eine reine Routinesache", beruhigt sie der junge Arzt kurz vor der Operation. „Sie werden zwei oder drei Stündchen schlafen und dann sehen wir uns wieder!" Zufrieden schläft Frau Karlinger ein. Dann erwacht sie, sieht ein Gesicht vor sich und fährt erschrocken hoch. „Herr Doktor, wie lange war ich denn bewusstlos? Ihnen ist ja ein weißer Vollbart gewachsen!"
„Tja, Frau Karlinger", sagt der weißbärtige Herr mit milder Stimme. „Die Sache ist die: Ich bin nicht der Doktor. Ich bin Petrus."

„Herr Doktor, Sie müssen mir helfen", ruft der Patient. „Ich habe andauernd das Gefühl, ein Elefant zu sein!"
„Das haben wir gleich", beruhigt ihn der Arzt. „Aber setzen Sie sich bloß nicht auf die Couch."

„Herr Doktor, Herr Doktor, es ist furchtbar!", klagt der Patient. „Manchmal glaube ich, dass ich ein Telefon bin!"
„Nehmen Sie diese Pillen", sagt der Doktor.
„Und wenn Sie trotzdem wieder einen Anfall bekommen, rufen Sie mich einfach an."

„Herr Doktor, Herr Doktor, ich habe das Gefühl, dass ich ein Fünfhunderteuroschein bin!"
„Aha", sagt der Doktor, „und wo liegt das Problem?"
„Niemand kann wechseln!"

Mitten in der Nacht klingelt es beim Nervenarzt Sturm. Drinnen geht Licht an und nach einer Weile steckt der Doktor seinen Kopf aus dem Fenster und schreit wütend: „Es ist zwei Uhr morgens! Sind Sie denn verrückt?"
„Ja!", kreischt der Mann unten auf der Straße.
„Gut", brüllt der Nervenarzt, „dann mach ich Ihnen auf!"

Rolf ist von Beruf Mechaniker und jetzt muss er zum Doktor, weil ihm ein Schraubenschlüssel auf die Zehe gefallen ist. Interessiert blickt er sich im Behandlungszimmer um – und entdeckt ein Skelett in der Ecke.
„Interessant", sagt Rolf. „Sie handeln auch mit Schrott?"

„Ich will es mal so ausdrücken", sagt der Arzt zur übergewichtigen Patientin. „Angesichts Ihrer Körpergröße haben Sie 30 Kilo zu viel."
„Das hätten Sie mir auch netter sagen können!", schnaubt die Patientin.
„Wie denn?", fragt der Arzt.
„Sie hätten sagen können", ruft die dicke Dame, „dass ich angesichts meines Gewichts 15 Zentimeter zu klein bin!"

Ein Mann mit einer Frau an der Hand stürmt in das Sprechzimmer des Psychiaters. „Gestatten", sagt der Mann, legt seinen Zweispitz ab und steckt die rechte Hand zwischen die Mantelknöpfe, „mein Name ist Napoleon Bonaparte. Ich habe ein Problem mit meiner Frau Josephine. Sie hält sich für eine gewisse Frau Müller."

Herr Hirner hat ein Problem. Er bildet sich ein, Papst Johannes der Dreiundzwanzigste zu sein. Den ganzen Tag läuft er durch die Wohnung, lächelt milde und segnet Katze, Bügeleisen und Blumenvase. Der Doktor wird gerufen und der zieht sich mit Herrn Hirner zu einem ernsten Gespräch unter vier Augen ins Wohnzimmer zurück. Nach zwei Stunden kommt der Arzt wieder heraus.
„Herr Doktor", fragt Frau Hirner aufgeregt, „und? Hatten Sie Erfolg?"
„Teilweise", sagt der Arzt. „Es geht voran. Auf Johannes den Einundzwanzigsten habe ich ihn schon herunten."

„Herr Doktor, sehen Sie nur. Meine Beine, wie geschwollen die sind. Wenn die jetzt noch dicker werden, komme ich in keine Hose mehr rein."
Der Doktor kritzelt schweigend etwas auf seinen Block.
„Wird das helfen?", fragt der Patient zweifelnd.
„Gewiss", sagt der Doktor. „Es ist ein Rezept für einen Schlafrock."

„Frau Bömmel, Ihr Fall ist ganz einfach", sagt der Arzt. „Sie haben starkes Übergewicht. Ich rate Ihnen zu einer strikten Fastenkur. Essen Sie eine Woche lang täglich dreimal einen Apfel."
„Gut", sagt Frau Bömmel erleichtert. „Vor oder nach den Mahlzeiten?"

Der Ohrenarzt untersucht die ältere Dame sehr gründlich.
Dann schüttelt er den Kopf und sagt:
„Verstehe ich nicht. Sie scheinen völlig in Ordnung zu sein.
Warum sind Sie denn eigentlich zu mir gekommen?"
„Ich habe Hörprobleme", sagt die Dame. „Wissen Sie, vor
20 Jahren hat mein Mann seine Sachen gepackt und ist verschwunden."
„Das tut mir Leid", sagt der Arzt. „Aber deshalb geht man
doch nicht zum Arzt!"
„Doch" sagt die ältere Dame. „Weil, seitdem habe ich nichts
mehr von ihm gehört!"

Der alte Sepplbauer war zeit seines Lebens gesund, aber jetzt plagt ihn furchtbarer Husten. Und zum ersten Mal in seinem Leben geht er zum Arzt. Der Doktor misst das Fieber, lässt ihn einen großen Löffel Hustensaft einnehmen und schickt den Sepplbauer wieder nach Hause. „Na, wie geht's?", fragt seine Tochter.
„Viel besser!", sagt der Sepplbauer. „Der Doktor ist ein Teufelskerl. Der Schnaps war ein bisserl komisch, aber das Röhrl unter der Achsel hat sofort geholfen!"

Beim Doktor läutet das Telefon. „Herr Doktor, Herr Doktor",
klagt die Stimme, „ich habe das Gefühl, dass ich ein Auto
bin!"
„Beruhigen Sie sich", sagt der Arzt, „und kommen Sie am
Nachmittag vorbei. Sie können im Hof parken."

Zeugnistag. Der Sohn von Zahnarzt Bohrmann kommt nach Hause.
„Na, Max", ruft der Vater, „wie schaut's aus?"
„Also", sagt Max, „es wird jetzt vielleicht ein bisschen wehtun …"

 Der neue Assistenzarzt in der Nervenanstalt macht einen ziemlich verstörten Eindruck.
„Herr Doktor, ist etwas passiert?", fragt die Krankenschwester.
„Ich glaube, ich mache was falsch", seufzt der Arzt.
„Wie kommen Sie denn darauf?"
„Tja", sagt der Arzt. „Die Patienten in der Abteilung für Geisteskrankheiten haben mich gelobt. Sie haben gesagt, ich sei ihnen viel lieber als mein Vorgänger."
„Aber das ist doch wunderbar!", ruft die Krankenschwester.
„Ich weiß nicht", sagt der Arzt. „Dann haben sie noch gesagt, sie hielten mich für einen von ihnen."

Lieschen Müller hat gerade eine Schönheitsoperation hinter sich gebracht und jetzt ruft sie gleich ihre Freundin an. „Das war ganz toll", erklärt sie. „Weißt du, der Doktor schnipselt die überschüssige Haut weg und dann bügelt er die Falten im Gesicht aus und spannt die Haut und alles ist wieder glatt."
„Prima", sagt die Freundin. „Und hast du keine Beschwerden?"
„Eigentlich nicht", sagt Lieschen Müller. „Bloß wenn ich nicke, dann zieht es ein wenig am Po."

Der alte Max hat schon viele Jahre in der Irrenanstalt verbracht. Alle halten ihn für geheilt, doch der Arzt will ihn zur Sicherheit noch einmal untersuchen.
„Also Max", sagt der Doktor, „angenommen, jemand schneidet Ihnen die Ohren ab. Was wäre dann?"
„Dann sehe ich nichts mehr", sagt Max, „und alles ist finster."
Enttäuscht schickt ihn der Doktor wieder zurück.
Ein Jahr später die gleiche Frage. Und die gleiche Antwort. Max muss in der Anstalt bleiben. Nächstes Jahr versucht es der Doktor wieder.
„Max, denken Sie nach. Wenn Ihnen jemand die Ohren abschneiden würde, was wäre dann?"
„Wie oft soll ich Ihnen das noch sagen", sagt Max. „Dann sehe ich nichts mehr und alles ist finster."
Da verliert der gute Doktor schließlich die Geduld.
„Zum Teufel noch mal, warum soll denn bloß alles finster sein?"
„Ist doch klar", sagt Max. „Weil mir ohne Ohren der Hut über die Augen rutscht!"

Nach der Untersuchung fragt der Doktor: „Und wie steht es mit Ihrem Appetit? Immer gut? Oder unregelmäßig?"
„Eher unregelmäßig", sagt der Patient. „Manchmal schmeckt es mir und manchmal könnte ich überhaupt nichts hinunterbringen."
„Aha", sagt der Doktor. „Und zu welchen Zeiten haben Sie überhaupt keinen Appetit?"
„Gleich nach dem Essen."

Der Gewerkschaftsboss leidet unter Schlaflosigkeit.
„Bevor wir mit Pillen und so'm Zeug anfangen", sagt der Arzt, „sollten Sie es doch einmal mit einem alten, aber sehr bewährten Hausmittel versuchen. Wenn Sie nicht einschlafen können, stellen Sie sich einfach eine große Schafherde vor und zählen Sie die Schafe, wenn sie über den Zaun springen."
Eine Woche später ist der Gewerkschaftsboss wieder beim Arzt.
„Na", will er wissen, „hat das Schafezählen was genützt?"
„Nein", sagt der Patient, „die Schafe haben für niedrigere Zäune gestreikt."

An der Tür zum Krankenzimmer klopft es. Ein Mann tritt ein und fragt die Patientin: „Ist es richtig, dass Sie morgen von Doktor Metzler operiert werden?"
„Stimmt", sagt die Patientin.
„Dann darf ich mal", sagt der Mann, zieht ein Maßband aus der Tasche und vermisst die Patientin von Kopf bis Fuß.
„Sind Sie der Assistent von Doktor Metzler?", fragt die Patientin.
„Eigentlich nicht", sagt der Mann. „Ich bin der Sargtischler."

Der Arzt horcht Herrn Schüble gründlich ab. Dann macht er ein bedenkliches Gesicht.
„Sagen Sie", fragt er, „sind Sie eigentlich Kettenraucher?"
„Aber nein", sagt Herr Schüble. „Ich bin Zigarettenraucher."

„Herr Doktor, Herr Doktor", ruft der Patient, „es ist schrecklich. Ich habe ständig das Gefühl, dass es zwei von mir gibt!"
„Beruhigen Sie sich", sagt der Arzt, „und schreien Sie nicht durcheinander!"

Herr Hampel ist der nervöseste Patient, den der Doktor jemals zu Gesicht bekommen hat. Sein Blick irrt suchend umher, er wippt mit den Fußspitzen und klopft mit den Fingern auf die Tischplatte, er blinzelt ständig und zuckt zusammen, sobald die Sprechstundenhilfe anklopft.
„Sie scheinen unter schwerstem Stress zu stehen", sagt der Arzt. „Kann es sein, dass Ihre Beschwerden mit Ihrem Beruf zusammenhängen?"
„Das ist es, das ist es!", ruft Herr Hampel, springt auf und geht unruhig auf und ab.
„Sie tragen vermutlich hohe Verantwortung", sagt der Arzt.
„Ja, ja!", schreit Herr Hampel. „So ist es tatsächlich. Ich bin Äpfelverpacker. Große Äpfel in die grüne Kiste, mittlere in die gelbe, kleine Äpfel in die blaue Kiste!"
„Na, na", sagt der Arzt beruhigend. „Das klingt ja nicht ganz so schlimm."
„Das sagen Sie", brüllt Herr Hampel und packt den Arzt am Kragen. „Aber immer diese Entscheidungen, immer diese Entscheidungen!"

„Hören Sie, junge Frau", sagt der Chefarzt zur Krankenschwester. „Jetzt sage ich es Ihnen zum letzten Mal. Wenn Sie den Totenschein ausfüllen, dann schreiben Sie in die Spalte ‚Todesursache' den Namen der Krankheit. Und nicht den Namen des behandelnden Arztes."

„Herr Doktor, Herr Doktor, ich habe ein komisches Gefühl. Ich fühle mich wie ein Bleistift."
„Ganz ruhig", sagt der Arzt. „Jetzt schreiben Sie mir erst einmal Ihren Namen auf."

 „Na, Herr Blümchen, wie geht's uns heute?", fragt der Doktor.
„Teils, teils", brummt Herr Blümchen.
„Wie meinen Sie das?"
„Teils kann ich nicht schlafen", erklärt Herr Blümchen, „und teils kann ich nicht aufs Klo gehen."
Der Doktor denkt nach. Dann schreibt er Herrn Blümchen ein Medikament auf und bittet ihn, in einer Woche wiederzukommen.
In einer Woche ist Herr Blümchen wieder zur Stelle.
„Und wie geht's heute, Herr Blümchen?"
„Teils, teils", sagt Herr Blümchen. „Aber jetzt andersherum."
„Wie – andersherum?"
„Na ja", sagt Herr Blümchen. „Jetzt mach ich ins Bett und schlaf auf der Toilette ein."

„Ich habe ein furchtbares Leiden", sagt der Patient zum Arzt. „Dauernd erzähle ich mir selbst Witze. Wie krieg ich das bloß los?"
„Tja", sagt der Arzt, „das ist eine üble Sache. Wissen Sie, im Grunde kann man diese Krankheit nur dadurch heilen, dass man die rechte von der linken Gehirnhälfte trennt. Man muss also operieren. Und Gehirnoperationen sind immer gefährlich und kompliziert."
„Tja", sagt der Patient niedergeschlagen, „wir sollten es trotzdem versuchen."
„Denken Sie noch einmal darüber nach", empfiehlt der Arzt. „Dieser Zwang, sich selber dauernd Witze erzählen zu müssen – ist das denn wirklich so schlimm?"
„In meinem Fall schon", sagt der Patient. „Ich vergesse nämlich dauernd die Pointen."

„Um Himmels willen!", ruft der Arzt. „Ihre Zunge ist ja ganz schwarz!"
„Tja", sagt Paule, „das kommt wohl vom Schnaps!"
„Kommen Sie", sagt der Arzt, „davon kriegt man doch keine schwarze Zunge!"
„Aber die Schnapsflasche ist mir auf die Straße gefallen und zerbrochen!"
„Und davon wird die Zunge schwarz?"
„Klar doch!", ruft Paule. „Wo die Straße doch frisch asphaltiert war!"

Der berühmte Medizinprofessor hält Vorlesung.
„Es gibt da eine Theorie", sagt er, „die behauptet, dass schon das Kind im Mutterleib mitbekommt, was rund um die Mutter vorgeht. Angeblich soll das Baby davon beeinflusst werden. Das ist natürlich Blödsinn. Nehmen Sie mich", sagt der Professor. „Als meine Mutter schwanger war, hat sie dauernd Schallplatten gehört, und es hat mir überhaupt nichts ausgemacht … nichts ausgemacht … nichts ausgemacht …"

Fassungslos starrt der Arzt das Röntgenbild an. „Mein lieber Herr Beulchen, Sie haben ja eine Taschenuhr im Magen!"
„Ich weiß", sagt Herr Beulchen. „Die habe ich kurz nach der Konfirmation verschluckt."
„Und Sie hatten keine Probleme damit?"
„Doch", sagt Herr Beulchen. „Immer beim Aufziehen."

 Frau Polte wird von einem Auto überfahren und muss verletzt ins Krankenhaus. Nach drei Wochen ist sie endlich wieder halbwegs gesund. Und sofort humpelt sie in den nächsten Spielzeugladen und schlägt wie besessen auf die zahlreichen Spielzeugautos ein. Der Geschäftsführer versucht verzweifelt sie zu bändigen, doch Frau Polte ist durch nichts zu halten.
„Was tun Sie denn da!", schreit er entsetzt.
„Diese verdammten Autos!", kreischt Frau Polte.
„Man muss sie totmachen, solange sie noch klein sind!"

Herr Pömpel kommt mit einem geschwollenen Hals zum Arzt. „Kein Problem", sagt der Doktor. „Da gibt es ein altes Hausmittel. Nach einem heißen Bad trinken Sie den Saft von drei Zitronen."
Nach einer Woche steht Pömpel wieder in der Ordination und sein Hals ist noch immer geschwollen.
„Haben Sie den Zitronensaft auch wirklich eingenommen?", will der Arzt wissen.
„Leider nein", krächzt Herr Pömpel. „Ich habe ja kaum das Badewasser geschafft!"

Frau Mümmelmann ist wirklich sehr, sehr schwer krank.
„Herr Doktor", flüstert sie mit letzter Kraft, „ich glaube, ich stehe an der Schwelle des Todes."
„Keine Bange", sagt der Doktor, „Sie kommen schon drüber weg."

Frau Hömple hat sich den Knöchel verstaucht. Der Arzt verbindet sie.
„Was schreiben Sie mir denn da auf den Knöchel?", will Frau Hömple wissen.
„Ach nichts", sagt der Arzt. „Bloß eine Fußnote."

Heiner: „Sag mal, seit wann drehst du dir die Zigaretten selbst?"
Holger: „Seitdem mir mein Arzt gesagt hat, ich sollte mich mehr bewegen."

Bodo Falke, der berühmte Sensationsjournalist, plant eine Reportage über die große Nervenheilanstalt der Stadt. Er sieht sich gründlich um in der Anlage, als ihn ein alter Mann am Ärmel zupft. „Folgen Sie mir unauffällig", flüstert der Mann. „Ich habe Ihnen was zu erzählen!" Und in einer Ecke des Parks hört Bodo Falke die unglaubliche Geschichte dieses Mannes, der, obwohl völlig harmlos und geistig gesund, in der Anstalt eingesperrt ist. „Das Ganze ist eine Verschwörung gegen mich", sagt der Insasse. „Die Gutachten sind gefälscht, die Berichte über mich erstunken und erlogen", erzählt der Insasse. „Man führt mich als einen unberechenbaren Gewalttäter, obwohl ich keiner Fliege was zuleide tun kann. Und sobald ich mich beschwere, sind schon die Wärter da und fesseln mich. Bitte schreiben Sie darüber, vielleicht habe ich noch eine Chance, die letzten Jahre meines Lebens in Freiheit zu verbringen."

Der Reporter ist erschüttert. Er verspricht, die Wahrheit über den armen Mann ans Licht zu bringen.

„Ich bin völlig normal!", sagt der Mann. „Schwören Sie, dass Sie mir helfen!"

Bodo Falke schwört.

Da versetzt ihm der Insasse eine gewaltige Ohrfeige.

„Bloß, damit Sie mich nicht vergessen!"

Der Medizinprofessor führt seine Studenten durch die Klinik. „Sehen Sie diesen Mann", sagt er und wendet sich an einen Studenten. „Er humpelt, weil ein Bein kürzer ist als das andere. Was würden Sie in einem solchen Fall wohl tun?"
„In einem solchen Fall", sagt der Student, „würde ich wohl auch humpeln."

Der ängstliche Herr Knall soll am Blinddarm operiert werden. „Die Chancen stehen sehr gut", sagt der Chirurg. „Was Sie morgen früh hören werden, ist dies: Die Operation war erfolgreich."
„Und wenn sie nicht erfolgreich war?"
„In diesem Fall", sagt der Arzt, „werden Sie auch nichts mehr hören."

Bei dem Patienten wird ein unheilbarer Hirntumor festgestellt. Seine einzige Chance zu überleben besteht darin, sich umgehend ein anderes Hirn einpflanzen zu lassen.
„Sie haben die Wahl", sagt der Chirurg. „Wir hätten da ein Spenderhirn, das einem Klempner gehört hat. Kostet 1000 Euro. Das andere stammt von einer Blondine. Kostet auch 1000 Euro. Und dann hätten wir noch ein Hirn, das einem Lehrer gehört hat. Aber das kostet 10 000 Euro."
„Versteh ich nicht", sagt der Patient. „Wieso kostet das Lehrerhirn zehnmal mehr? Ist das so viel klüger?"
„Das nicht", sagt der Arzt. „Aber es ist kaum benutzt."

Anruf beim Arzt. Die Sprechstundenhilfe hebt ab.
„Ich brauche dringend einen Termin!", fleht der Anrufer.
„Meine Zehen sind schon ganz taub, und jetzt kriecht dieses Gefühl auch die Beine hoch!"
„Mal sehen, was sich machen lässt", sagt die Sprechstundenhilfe und guckt auf den Terminplan. „Der Doktor kann frühestens morgen früh um halb acht bei Ihnen sein."
„Und wenn dann schon alles zu spät ist?", jammert der Patient.
„Dann rufen Sie eben an und sagen den Termin ab!"

Der Sohn des Medizinmannes kehrt nach Hause in das heimatliche Dorf zurück.
„Na, mein Junge", sagt der Medizinmann, „hat man dir in Deutschland etwas Vernünftiges beigebracht?"
„Ja, Vater. Ich weiß jetzt, wie es die Weißen anstellen, wenn sie an einem heißen Tag Regen herbeizaubern wollen."
„Toll!", ruft der Medizinmann. „Wie geht dieser Zauber?"
„Er funktioniert am besten am Wochenende", erzählt der Sohn des Medizinmannes. „Man muss viele Brote schmieren und Getränke einkaufen. Das kommt dann in einen Korb und zusammen mit einer großen Decke in den Kofferraum eines Autos. Dann muss man sich die Sonnenbrille aufsetzen und mit dem Auto zwei Stunden lang fahren, bis man zu einem Parkplatz in der Nähe von einem See kommt. Dann nimmt man die Decke und den Picknickkorb und läuft zum Strand. Und sobald man gemütlich sitzt, muss man sagen, hoffentlich fängt es nicht zu regnen an. Sobald man das gesagt hat, beginnt es zu regnen."

Die dicke Dame kommt zum Doktor und beschwert sich, dass sie nicht abnehmen kann.
„Da kann ich Ihnen eine einfache Übung empfehlen", sagt der Doktor. „Sie müssen nur den Kopf schütteln."
„Ach", sagt die dicke Dame, „und wann?"
„Jedes Mal, wenn Ihnen jemand etwas Süßes anbietet!"

„Herr Doktor, ich war letztes Jahr bei Ihnen wegen meiner Gicht. Und Sie hatten mir gesagt, ich sollte Feuchtigkeit vermeiden."
„Ich erinnere mich", sagt der Arzt.
„Und – hat es was geholfen?"
„Ganz prima!", sagt der Patient. „Aber jetzt wollte ich Sie fragen, wann ich wieder mal ein Bad nehmen darf."

Herr Huber wird vom Arzt auf strenge Diät gesetzt. Vor allem darf er keinen Alkohol mehr trinken. Kein Bier, keinen Wein, keinen Schnaps. Stattdessen empfiehlt ihm der Arzt Möhrensaft.
Zu Hause nimmt Herr Huber einen Schluck und setzt das Glas wieder ab. „Jetzt versteh ich", sagt er, „warum Babys die ganze Zeit weinen."

„Ich fühle mich verpflichtet", sagt der Arzt zum Patienten im Krankenhaus, „Ihnen die bittere Wahrheit zu sagen. Sie haben nicht mehr lange zu leben. Wünschen Sie noch jemanden zu sprechen?
„Ja", sagt der Patient. „Einen anderen Arzt."

Kläuschen Mollmann hat eine furchtbare Angewohnheit: Er springt alle Fremden an, beißt ihnen ins Knie und klammert sich an den Beinen fest. Die Eltern sind verzweifelt. Alles gute Zureden hilft nichts. Sobald Kläuschen einen Fremden sieht, springt er, beißt er, klammert er. Da entschließen sich die Eltern, zum Psychologen zu gehen. Kaum betreten sie das Sprechzimmer, springt Kläuschen den Psychologen an, beißt ihn ins Knie und klammert sich fest.
Da beugt sich der Psychologe zu Kläuschen hinunter und flüstert ihm was ins Ohr. Kläuschen lässt sofort los und setzt sich still hin.
„Das ist ja wunderbar!", sagen die Eltern strahlend. „Wie haben Sie das bloß geschafft?"
„Ich habe ihn mit der Interaktiven Brachialtherapie geheilt", sagt der Psychologe.
„Und wie geht die?"
„Ich habe ihm gesagt: Wenn du nicht sofort loslässt, knalle ich dir eine!"

„Sagen Sie", fragt der Arzt, „hatten Sie jemals Probleme mit Rheumatismus?"
„Nur ein einziges Mal", sagt der Patient.
„So, und wann war das?"
„In der Schule", sagt der Patient. „Beim Diktat."

„Tja, Frau Huber, eine gute Nachricht. Wir haben Ihren Mann noch gerade rechtzeitig operieren können. Ein paar Tage später und der Eingriff wäre nicht mehr erforderlich gewesen."
„Und er wäre gestorben?", haucht Frau Huber entsetzt.
„Das nicht gerade", sagt der Arzt. „Aber er hätte sich von selbst erholt."

 Am Büfett einer Gemäldeausstellung unterhalten sich der Arzt und die feine Dame.
„Schon wieder Hummersalat", sagt die Dame, „der soll doch so schwer verdaulich sein … mögen Sie ihn eigentlich gern?"
„Ich mag ihn nicht nur gern", sagt der Arzt, „ich bin ihm richtiggehend zu Dank verpflichtet …"

Zwei junge Ärzte verbringen ihren Urlaub gemeinsam am Mittelmeer.
„Also die Mädels hier am Strand haben ja weiß Gott hübsche Beine", stellt der Orthopäde fest, nachdem er sich ausgiebig umgesehen hat.
„Ist mir noch gar nicht weiter aufgefallen", antwortet sein Kollege. „Mein Spezialgebiet ist der Oberkörper …"

Heiner hat einen tollen Plan entwickelt, um endlich zu Geld zu kommen.
„Pass auf", sagt er zu Holger, „wir machen mitten in der Wüste eine Limonadenbude auf!"
„Quatsch!", ruft Holger. „Da kommt doch keiner hin!"
„Na ja", sagt Heiner, „aber wenn mal einer kommt, was glaubst du, was der für einen Durst hat!"

Herr Maxmann kommt leicht angesäuselt nach Hause und sofort fängt er an zu meckern.
„Schweinerei!", mault er, „Andauernd diese blöden Wiederholungen im Fernsehen! Den Film hab ich schon ein paarmal gesehen."
„Kein Wunder", sagt Frau Maxmann. „Du schaust auch in den Spiegel."

 Der berühmte Gentechniker präsentiert der Geschäftsführung des Lebensmittelkonzerns sein neuestes Produkt.
„Nach jahrelangen Experimenten ist es uns gelungen", sagt der Wissenschaftler, „eine runde Banane zu produzieren!"
Die Manager klatschen.
„Und was noch besser ist: Man kann auch die Schale essen!"
Die Manager trampeln vor Begeisterung.
„Diese neue Banane hat nur einen kleinen Nachteil", sagt der Gentechniker. „Sie schmeckt wie ein Apfel."

„Mein neuer Schüler ist bestimmt Mechaniker", sagt der eine Reitlehrer zum anderen. „Wie kommst du denn darauf?"

„Na, wenn das Pferd bockt, steigt er ab und kriecht drunter!"

Der kleine Junge steht am Straßenrand und weint bitterlich. Kommt eine ältere Dame und fragt ihn mitfühlend: „Na, kleiner Mann, was ist denn passiert. Warum heulst du?"
„Weil ich Geburtstag habe", schluchzt der Junge los. „Und da gibt's eine Geburtstagsparty zu Hause mit allen Freunden und ich krieg ein Fahrrad und Kuchen gibt's und dann kommt ein Zauberer und ich krieg einen Computer, buh, buh, buh!" Der Junge kann vor Schluchzen nicht mehr weitersprechen.
„Aber das hört sich ja alles wunderbar an!", sagt die Dame. „Warum weinst du da?"
„Weil ich mich verlaufen habe und nicht nach Hause finde, deswegen!"

Brösel stapft ins Fundbüro.
„Ich habe gestern im Bus einen 200-Euro-Schein verloren", meldet er. „Ist der vielleicht abgegeben worden?"
Die Beamtin schaut nach. „Nein, leider nur ein 500-Euro-Schein."
„Macht doch nichts", sagt Brösel und zückt die Geldbörse. „Ich kann wechseln."

„Herr Ober", ruft der Gast, „die Erbsen sind ja noch ganz hart!"
„Das tut mir Leid", sagt der Ober, nimmt den Teller weg und trägt ihn in die Küche. Dann kommt er zurück und sagt: „Der Koch hat Ihre Erbsen probiert und meint, sie seien doch schön weich.
„Jetzt schon", sagt der Gast. „Ich habe ja schon lange genug drauf herumgekaut."

Herr Ballermann will unbedingt auf Hirschjagd gehen. Und weil er fürchterliche Angst hat, von einem anderen Jäger abgeknallt zu werden, zieht er sich einen schwarzweiß gestreiften Pyjama an. Doch es hilft alles nichts. Die Jagd beginnt, ein Blitz, ein Knall – und Ballermann liegt getroffen in seinem Blut.
Der Schütze eilt voller Freude herbei – und bleibt entsetzt stehen.
„Du verdammter Idiot", stöhnt Ballermann. „Jetzt ziehe ich mir schon den Pyjama an und du verwechselst mich trotzdem noch mit einem Hirsch!"
„Nicht mit einem Hirsch!", ruft der Schütze. „Mit einem Zebra!"

Im Kaufhaus. „Ich möchte ein Paar Autohandschuhe", sagt der Kunde.
„Welche Nummer?"
„RV-CV 119."

„Früher waren die Portionen bei Ihnen aber größer!", beschwert sich der Gast beim Ober.
„Das ist eine optische Täuschung", sagt der Ober.
„Wir haben bloß das Lokal vergrößert."

Bernd steht im Stadtpark vor der großen Linde und zieht gerade sein Taschenmesser, als der Parkwärter herbeistürzt.
„Na, hab ich dich endlich erwischt", schreit er. „Willst wohl wieder ein Herz in die schöne Rinde schnitzen!"
„Ganz im Gegenteil", sagt Bernd betrübt. „Ich wollte es gerade wieder ausradieren."

 Olaf will sich ein neues Auto kaufen. Einen Kleinwagen. Der Verkäufer empfiehlt einen Mikro-Mini, doch Olaf zweifelt noch.
„Ist der nicht ein bisschen zu winzig?", fragt er bei der Probefahrt.
„Ach, daran gewöhnt man sich", sagt der Verkäufer.
„Na schön", sagt Olaf. „Aber jetzt möchte ich, dass wir mal woanders fahren. Weg von dieser endlosen Mauer auf der rechten Seite."
„Das wird nicht möglich sein", sagt der Verkäufer.
„Das ist keine Mauer. Das ist die Gehsteigkante."

Der Frisör rasiert seinen Kunden und sagt schließlich:
„Darf ich Ihnen jetzt Ihr rotes Halstuch abnehmen?"
„Ich habe doch gar kein rotes Halstuch!", sagt der Kunde.
„Himmel!", ruft der Frisör und fährt entsetzt zurück.
„Dann habe ich Sie aber ziemlich geschnitten!"

Das kleine Mädchen drückt die Tür zum Süßwarenladen auf, stiefelt zur Theke und fragt den Verkäufer: „Haben Sie auch eckige Bonbons?"

„Tut mir Leid", sagt der Verkäufer schmunzelnd, „eckige Bonbons führen wir nicht." Am nächsten Morgen steht das kleine Mädchen wieder im Laden. Und wieder fragt es nach eckigen Bonbons, und wieder schüttelt der Verkäufer den Kopf, und wieder zieht das kleine Mädchen traurig ab. Da entschließt sich der Verkäufer, die gewünschten Bonbons zu bestellen.

Als am nächsten Morgen das kleine Mädchen wieder in den Laden kommt, sagt der Verkäufer: „Ja, jetzt haben wir eckige Bonbons!"

„Toll!", ruft das kleine Mädchen und strahlt. „Darf ich sie rund lutschen?"

Heiner hat Holger zum Essen eingeladen und erstaunlicherweise hat es beiden geschmeckt.

„War ja ganz prima, was du uns da vorgesetzt hast!", sagt Holger.

„Hätte ich dir gar nicht zugetraut."

„Nicht wahr?", sagt Heiner strahlend. „Dabei hab ich's ganz alleine aufgetaut!"

„Sie haben mir vorige Woche dieses Radio verkauft", sagt der Kunde. „Und jetzt habe ich ein Riesenproblem damit. Ich empfange damit nämlich sämtliche Sender."

„Und wo liegt das Problem?"

„Ich kriege sie nur alle gleichzeitig herein."

In der Kneipe. Franz und Alfons haben schon einige Bierchen hinter die Binde gegossen, da sagt Franz:
„Weißt du, worüber ich froh bin? Dass ich immer genau weiß, wann es Zeit ist zu gehen."
„Aha", sagt Alfons. „Und wie merkst du, wann es Zeit ist?"
„Ganz einfach", meint Franz. „Wenn ich noch gehen kann, dann gehe ich noch nicht. Aber wenn ich nicht mehr gehen kann – dann gehe ich."

Die Zwillinge Peter und Paul haben ihren Onkel Alfons besucht.
„Na, wie war's?", fragt die Mutter.
„Ach, der Onkel Alfons ist ein richtiger Blödmann!", rufen die Zwillinge.
„Wieso denn das? Hat er euch nichts geschenkt?"
„Doch", rufen Peter und Paul. „Einen Luftballon. Aber dann hat er gesagt: Und den Ballon wollen wir jetzt schön teilen!"

„Sag mal, Erwin, du kommst ja zu Fuß. Wo hast du denn dein Auto?"
„Tja", sagt Erwin, „das ist kaputt. Aber ich kann nichts dafür. Schuld war diese Springpappel."
„Eine Springpappel?"
„Du kennst doch diese blöden Bäume", sagt Erwin. „Stehen jahrelang am Straßenrand und rühren sich nicht. Und kaum komme ich vorbei, *zack!*, springen sie mir in den Weg."

"Diesen Brotlaib möchte ich lieber nicht", sagt die Kundin beim Bäcker. "Der ist ja noch ganz warm. Frisches Brot vertrage ich nicht!"
"Der Laib ist nicht frisch", beruhigt sie der Bäcker. "Da hat bloß die Katze draufgesessen."

Der Gast ist schon echt ungeduldig.
"Jetzt habe ich bei Ihnen schon zum zehnten Mal ein Bier bestellt", ruft er wütend. "Tja, mein Herr", sagt der Ober. "Wer so viel trinken kann, der wird auch warten können."

 "Waren Sie denn schon öfter bei uns?", fragt der Frisör den einäugigen Kunden.
"Nein", sagt der Kunde. "Das Auge habe ich im Krieg verloren."

"Herr Ober", ruft der Gast, "sagen Sie, ist das wirklich Apfelkuchen, was Sie mir da gebracht haben?"
"Hmm", sagt der Ober und schaut sich den Kuchen an.
"Nach was schmeckt er denn?"
"Nach Seife", sagt der Gast.
"Dann ist es wirklich Apfelkuchen", sagt der Ober.
"Die anderen Kuchen schmecken nach Leim."

Frau Löbel liest aus der Zeitung vor. "Stell dir vor, Hermann", sagt sie, "nach dem gestrigen Raubüberfall sucht die Polizei nach einem Mann mit einem Ohr namens Heinrich Müller."
"So was", brummt Herr Löbel. "Und wie heißt das andere Ohr?"

Frau Leimer kauft Kopfwehtabletten für ihren Mann. Sie hat die Apotheke eben verlassen, als sie Schritte und laute Rufe hinter sich hört. „He, Sie, **Halt!**", schreit der Apotheker und rennt hinter ihr her. „Bleiben Sie sofort stehen!"
Frau Leimer bleibt stehen.
„Dem Himmel sei Dank", schnauft der Apotheker, „dass ich Sie noch erwischt habe. Stellen Sie sich vor. Ich habe Ihnen irrtümlich Rattengift mitgegeben!"
„Das ist ja furchtbar", stammelt Frau Leimer.
„Nicht wahr", sagt der Apotheker. „Rattengift ist ja viel billiger Sie bekommen noch fünf Euro raus."

Frisör Alwin schnipselt gedankenverloren vor sich hin, als der Kunde plötzlich wie am Spieß schreit. Entsetzt fährt Alwin zurück.
„Sie haben mir eine Ecke aus dem Ohr geschnitten!", brüllt der Kunde.
„Oh, das tut mir Leid", sagt Alwin. „Darf ich das Ohr etwas abrunden?"

Weihnachtsfeier in der Schule. Oskar hat sich mächtig fein herausgeputzt. Marie schaut ihn bewundernd an. „Ich finde", sagt sie, „deine Osterkrawatte steht dir wirklich gut!"
„Wieso Osterkrawatte?"
„Da ist noch immer Ei drauf!"

Alfons hat Fahrprüfung und alles geht schief. Er fährt falsch in eine Einbahnstraße, übersieht ein Stoppschild, fährt **bei Rot über die Ampel**, und schließlich hätte er beinahe noch einen Fußgänger gerammt. Der Fahrlehrer hat genug; Alfons ist durchgefallen.
„Wenn Sie jemals den Führerschein machen sollten", sagt der Fahrlehrer, „dann würde ich Ihnen ein Auto mit einem Glasboden empfehlen. Dann sehen Sie wenigstens, wen genau Sie überfahren haben."

„Meine Güte", beschwert sich Eva bei ihrer Freundin, „anständige Klamotten werden auch immer teurer!"
„Aber dein neuer Pullover ist auch wirklich hübsch", sagt Inge. „Wenn du schon einkaufst – warum bezahlst du die Sachen nicht einfach mit einem fröhlichen Lächeln?"
„Hab ich ja versucht", sagt Eva. „Aber die wollten lieber Geld!"

„Ist das nicht einfach wunderbar?", ruft ein Mann entzückt und setzt vorsichtig einen Fuß vor den anderen. „Ich kann gehen! Ich kann gehen!" Immer wieder sagt er sich vor: „Fuß aufsetzen, abrollen, Gewicht auf das andere Bein verlagern, aufsetzen …" Triumphierend schaut er sich um und ruft wieder: „Ich kann gehen!"
Ein Passant spricht ihn an. „Waren Sie denn früher gelähmt?"
„Das nicht", sagt der Mann. „Aber heute früh hat man mir das Auto gestohlen."

Eine Gruppe von Fallschirmjägern übt zum ersten Mal einen richtigen Absprung aus dem Flugzeug. Allen Soldaten ist etwas unbehaglich zumute, doch Feldwebel Raubein ist das gewohnt. Einen Soldaten nach dem anderen packt er und drückt ihn mit sanfter Gewalt aus der Luke ins Freie.
Da gerät er schließlich an einen, der sich noch nicht mal den Fallschirm umschnallen will. „Na, Freundchen", lacht Feldwebel Raubein, „hast wohl Schiss, was!" Er bindet ihm, zack, den Fallschirm auf den Rücken und zurrt energisch die Riemen fest. „Und jetzt raus!"
Sosehr sich der Bursche auch wehrt, so laut er auch brüllt und so fest er auch um sich schlägt – gegen Feldwebel Raubein hat er keine Chance. Schon fliegt er aus der Luke und schwebt zur Erde.
Da fängt einer der Soldaten im Flugzeug an zu kichern. „Was gibt es denn da zu lachen?", brüllt Feldwebel Raubein.
„Ist ja wirklich komisch", sagt der Soldat. „Ich glaube, das war der Pilot!"

Herr Bolle stürmt wütend in den Frisörladen. „Gestern haben Sie mir ein angeblich hoch wirksames Haarwuchsmittel verschrieben. Und heute, da!" Er streicht sich über seine spiegelblanke Glatze. „Heute sind mir die allerletzten Haare ausgefallen."
„Das ist ganz normal", sagt der Frisör. „Kein Grund zur Sorge. Die machen bloß Platz für die frischen!"

„Stell dir vor, mein Nachbar hat seit Jahren ein Glasauge, und keiner von uns hat es bemerkt!"
„Und wie ist es herausgekommen?"
„Er hat sich gebückt …"

Frau Dümmel steht vor der fahrenden Rolltreppe und liest das Schild: „Auf der Rolltreppe müssen Hunde getragen werden." Dann wendet sie sich seufzend ab und keucht die Treppe daneben hoch.
„Warum fahren Sie denn nicht?", fragt ein Passant.
„Weil ich keinen Hund habe!", sagt Frau Dümmel.

„Gestern habe ich richtig Glück gehabt", erzählt Frau Meierling ihrer Freundin. „Da bin ich von einem Radfahrer überfahren worden und hingefallen!"
„Das nennst du Glück gehabt?", sagt die Freundin erstaunt.
„Klar", sagt Frau Meierling. „Der Radler ist eigentlich ein Autobuschauffeur. Gestern hat er zum Glück seinen freien Tag gehabt!"

Alfons und Fritz sitzen jetzt schon ein paar Stunden in der Kneipe und gebechert haben sie auch recht tüchtig.
„Mensch, Fritz", sagt Alfons schon recht mühsam, „ich glaub, ich hör jetzt auf und geh nach Hause. Ich seh schon alles doppelt!"
Da zieht Fritz einen Hunderteuroschein aus der Brieftasche und schiebt ihn zu Alfons rüber.
„Aber vorher zahle ich dir noch die zweihundert Euro zurück, die du mir vorige Woche geliehen hast!"

„Mensch, Otto, jetzt bitte ich dich schon zum fünften Mal, dass du mir das geliehene Geld zurückgibst!"
„Na wenn schon", meint Otto. „Ich hab dich mindestens zehnmal bitten müssen, dass du's mir leihst!"

Herr und Frau Rempremerdinger sind zum ersten Mal im Theater. Sie sehen „Romeo und Julia" – und sind zu Tränen gerührt vom tragischen Tod des Liebespaares. Beim Hinausgehen zupft Frau Rempremerdinger den Saaldiener am Ärmel.
„Das Dirndl tut mir ja gar so Leid", schluchzt sie. „Sagen Sie, wann ist denn die Beerdigung?"

Frau Nowak liest aus der Zeitung vor.
„Hör mal, was da steht. Die Erde ist katastrophal überbevölkert. Und es werden immer mehr Menschen. Jede Sekunde bringt irgendwo auf der Erde eine Frau ein Kind auf die Welt. Ist das nicht unfassbar?"
„Finde ich auch", sagt Herr Nowak entrüstet. „Man sollte diese Frau finden und ihr schnell das Handwerk legen."

Die Drösels gehen zum Essen aus. Frau Drösel bestellt sich ein Schnitzel und als sie es schneiden will, rutscht sie mit dem Messer aus. Das Schnitzel fällt unter den Tisch und sofort stürzt ein riesiger Hund herbei.
Aber der Wirt war noch schneller. „Beruhigen Sie sich, gnädige Frau", sagt er. „Ihrem Schnitzel passiert schon nichts. Da steh ich schon drauf!"

McKnauser ist gestorben. Tief erschüttert sitzen die Söhne rund um das Totenlager. „Unser Vater war arm im Geiste", sagt Tom McKnauser. „Deshalb soll er ein Armenbegräbnis bekommen."
Sean McKnauser schüttelt den Kopf.
„Kein Armenbegräbnis. Aber ein einfaches. Denn er war schlicht und einfach im Herzen!"
Hugh McKnauser hebt die Hand. „Nein", sagt er.
„Kein einfaches Begräbnis. Ein großes. Denn unser Vater war ein großer Mann!"
Da erhebt sich der Verstorbene aus dem Sarg und knurrt wütend: „Bevor ihr das Erbe so verschleudert, geh ich lieber zu Fuß zum Friedhof."

„Meine Eltern sind echt ätzend", sagt Dieter. „Die gehen nie vor zwei Uhr morgens schlafen!"
„Und wieso weißt du das?"
„Wenn ich nach Hause komme, sitzen sie immer noch im Wohnzimmer herum!"

In der Einkaufspassage sitzt ein Bettler auf dem Boden. Vor sich das Schild „Gehbehindert". Eine ältere Dame bleibt stehen, kramt in der Handtasche und wirft ein Fünfeuroschein in den zerbeulten Hut.
„Es ist ja nur ein schwacher Trost für Sie", sagt sie mitleidig, „aber immerhin ist es doch besser, wenn man lahm ist und nicht blind!"
„Stimmt", sagt der Bettler. „Früher, als ich noch blind war, habe ich dauernd Hosenknöpfe bekommen."

Die beiden Knirpse spielen am Teich im Stadtpark. Da hat Gustav einen Frosch gefangen.
„Guck mal, Erwin!", ruft Gustav. „Ich habe einen Frosch in der Hand. Wenn du mir einen Eislutscher bringst, leck ich ihn ab!"
Das will Erwin aber sehen! Er läuft zum Kiosk und bringt einen Eislutscher. Gustav nimmt ihn in die andere Hand und sagt: „Und jetzt guck mal, wie ich den Lutscher ablecke!"

Kleinlaut klopft die Sekretärin im Chefbüro an.
„Tut mir Leid, Herr Direktor, ich habe vergessen, Sie an einen Termin zu erinnern. Heute Vormittag war die Beerdigung von Herrn Wulle von Wulle und Co."
Wütend springt der Chef auf. „Vergessen! Wie konnten Sie nur! Schreiben Sie ihm sofort einen Entschuldigungsbrief!"

Die Vorstellung ist zu Ende und das Theaterpublikum strömt auf die Straße.
„Also, ich versteh dich wirklich nicht", schimpft Herr Blümchen. „Wie konntest du der Garderobenfrau nur 20 Euro Trinkgeld geben!"
„Du Dummerchen", sagt Frau Blümchen, „hast du denn nicht bemerkt, was für einen tollen Mantel sie mir gegeben hat!"

 „Die Hubers in der Wohnung über uns sind ja wirklich eine fröhliche Familie", sagt Frau Brösel zur Nachbarin. „Sieben Leute, und schon am Morgen hört man sie tanzen, sogar ohne Musik."
„Die sind gar nicht fröhlich", sagt die Nachbarin.
„Die haben nur ein einziges Klo!"

Soldat Müller macht zum ersten Mal ein Manöver mit. Sein Auftrag lautet, eine wichtige Meldung in das Hauptquartier am anderen Ufer des Flusses zu bringen. Also macht er sich auf den Weg. Als er zur Brücke kommt, liest er ein Schild: „Brücke gesprengt."
Soldat Müller marschiert dennoch über die Brücke. Vom anderen Ufer aus brüllt ihn ein Offizier an: „Können Sie denn nicht lesen? – Brücke gesprengt!"
„Kein Problem!", ruft Soldat Müller. „Ich schwimme!"

Kindergeburtstag bei Marion. Die Kleinen spielen „Wie die wilden Tiere leben" und toben fröhlich durcheinander. Nur der kleine Steffen steht still und einsam in einer Ecke und guckt zu.
„Was ist denn los, Steffen", sagt Marions Mutter. „Lassen dich die anderen nicht mitspielen?"
„Doch", sagt Steffen. „Und welches Tier spielst du?"
„Das Stinktier."

„Stell dir vor, was mir meine Mutter zum Geburtstag geschenkt hat", sagt Rolf traurig.
„Eine wasserdichte Armbanduhr!"
„Das ist doch toll!", ruft Erwin. „Die kannst du beim Tauchen anlassen!"
„Ja", seufzt Rolf. „Und beim Abwaschen."

Ein nackter Mann betritt das feine Restaurant.
„Tut mir Leid", sagt der Oberkellner kühl. „In diesem Aufzug
können wir Sie leider nicht bedienen. Unsere Gäste tragen
Krawatten."

- „Also, ich hasse es, Tee mit diesen Teebeuteln zu machen", sagt Frau Brösel. „So umständlich! Dauernd hat man den Tee zwischen den Zähnen, wenn man den Beutel aufreißt."

- „Herr Ober, soll ich hier vielleicht aufs Essen warten, bis ich verhungert bin?"
  „Gewiss nicht", sagt der Ober. „Wir schließen in einer Stunde."

- „Herr Ober, da schwimmt eine Fliege in der Suppe."
  „Warten Sie, ich bringe Ihnen eine Erbse. Dann können Sie mit ihr Wasserball spielen."

- „Herr Ober, was macht die Fliege hier in meiner Buchstabensuppe?"
  „Weiß auch nicht", sagt der Ober. „Vielleicht lernt sie lesen."

„Herr Ober, ich mag keinen Senf zum Blumenkohl!"
„Wieso, haben Sie das denn noch nie gegessen?"
„Natürlich nicht!"
„Und wie können Sie dann behaupten, dass Sie Blumenkohl
mit Senf nicht mögen?"

„Ein neuer Teppichboden, den mach ich Ihnen für nur 500 Euro!", sagt gelassen der Handwerksmeister.
„Unglaublich!", ruft Herr Bollinger. „Die andere Firma will dafür 5000 Euro!"
„Nicht mit meinen Leuten", sagt der Meister, guckt zum Fenster raus und brüllt: „Grüne Seite nach oben!"
„Und dann soll die ganze Wohnung ausgemalt werden", sagt Herr Bollinger.
„Kein Problem", meint der Meister.
„200 Euro!"
Herr Bollinger kann diese niedrigen Preise gar nicht fassen.
„Haben Sie sich da nicht verrechnet?", fragt er.
„Natürlich nicht", sagt der Meister, geht wieder zum Fenster und schreit: „Verflixt noch einmal, die grüne Seite nach oben!"
Herr Bollinger will die Gunst der Stunde nutzen.
„Und können Sie mir auch ein neues Bad machen?"
„Klar", sagt der Meister. „250 Euro!"
„Nicht 2500?", fragt Herr Bollinger zweifelnd.
„Hören Sie", sagt der Meister, „mit meinen Leuten – 250 Euro!" Und wieder geht er zum Fenster und wieder schreit er: „Grüne Seite nach oben!"
„Also, dann sind wir uns ja einig", sagt Herr Bollinger. „Jetzt sagen Sie mir bitte, warum Sie dauernd ‚Grüne Seite nach oben!', aus dem Fenster rufen."
„Ach", sagt der Meister, „das sind bloß technische Anweisungen für meine Leute. Die legen dort beim Nachbarn gerade einen neuen Rasen."

„Das Kartoffelpüree ist zäh wie Leim!", beschwert sich der Gast. „Bringen Sie mir den Koch!"
Der Koch, ein älterer Herr, kommt an den Tisch.
„Ich höre", sagt er würdevoll, „Sie beschweren sich über mein Kartoffelpüree. Dann will ich Ihnen mal was sagen. Ich bin Fachmann. Ich habe Kartoffelpüree schon gemacht, als Sie noch gar nicht geboren waren."
„Das glaube ich Ihnen gern", sagt der Gast. „Trotzdem hätte ich lieber frisch gemachtes Püree."

Zwei Freundinnen treffen sich. „Na, Ilse, wie geht es so?"
Da fängt Ilse an zu weinen. „Hast du denn nichts von meinem Unglück gehört?", schluchzt sie.
„Nein", sagt die Freundin, „erzähl doch!"
„Also stell dir vor", sagt Ilse, „eines Abends winselt der Hund und will noch einmal raus. Mein Mann sagt, er will noch einmal mit dem Hund spazieren gehen. Er geht raus, und die Zeit vergeht, es wird Nacht, und er kommt nicht zurück. Kommt nicht und kommt nicht. Ich gehe am nächsten Tag zur Polizei, doch die können mir auch nicht helfen. Das war vor drei Wochen. Seither – keine Spur von meinem Mann, keine Spur vom Hund!"
„Oh Gott", schluchzt nun auch die Freundin. „Der schöne Hund!"

 „Herr Ober, kommen Sie sofort her!"
„Haben Sie Beschwerden?", fragt der Ober.
„Und ob!", ruft der Gast.
„Dann wenden Sie sich an einen Arzt."

„Herr Ober, da ist eine Fliege in der Erdbeermarmelade."

„Sie irren sich!", sagt der Ober.

„Ich irre mich nicht!"

„Sie irren sich doch!", sagt der Ober. „Das ist Himbeermarmelade."

Der Oberbauer verkauft seine Kuh an den Unterbauern um 500 Euro. Dann beginnt er zu zweifeln, ob das wohl so schlau war. „Wenn der Unterbauer 500 Euro dafür bezahlt", grübelt er, „dann ist die Kuh sicher viel mehr wert. Weil, der Unterbauer ist ja nicht blöd!"
Am nächsten Tag kauft der Oberbauer die Kuh um 600 Euro zurück. Jetzt wird der Unterbauer nachdenklich. „Teufel noch einmal, der Oberbauer ist ganz ein Schlauer. Die Kuh ist sicher viel mehr wert!" Und am nächsten Tag kauft er die Kuh wieder zurück. Um 700 Euro.
Und das Spiel geht weiter, bis der Preis auf 1500 Euro steht. Da fängt auch der Huberbauer an zu grübeln. „Wenn sich der Unterbauer und der Oberbauer so um diese Kuh reißen", denkt er, „dann muss sie noch viel mehr wert sein!" Und zu guter Letzt kauft er die Kuh um 2000 Euro.

„Eigentlich waren wir ganz schön blöd", sagt da der Unterbauer zum Oberbauern. „Behalten sollen hätten wir die Kuh und uns gegenseitig verkaufen. Da hätten wir jeden Tag 100 Euro verdient!"

Frau Bolle schreibt Weihnachtskarten. Plötzlich blickt sie erschrocken auf.

„Was ist denn los?", fragt Herr Bolle.

„Eben lag es mir noch auf der Zunge", sagt Frau Bollmann.

„Na, das kommt schon wieder!"

„Glaube ich nicht", sagt Frau Bolle. „Ich habe die Briefmarke verschluckt."

Unterwegs

Opa Rübsam war schon lange nicht mehr in der Stadt gewesen, und schon gar nicht in einem feinen Restaurant. Heute will er sich aber wirklich etwas gönnen. Nach langer Suche findet er ein Lokal, das ihm fein genug erscheint. Er setzt sich, bindet sich die Serviette um und wartet. Endlich kommt jemand und fragt: „Haarschnitt mit oder ohne Waschen, der Herr?"

Paul ist bis über beide Ohren in Karin verliebt. „Wie schön wäre es doch", flüstert er ihr ins Ohr, „jemanden zu haben, der sich immer freut, wenn er einen sieht. Der immer treu ist. Der einen in guten wie in schlechten Tagen niemals im Stich lässt. Hast du nicht auch schon daran gedacht?"
„Doch", sagt Karin. „Du solltest dir einen Hund kaufen."

„Mir ist ganz übel", stöhnt der zerstreute Professor nach der Bahnfahrt. „Die ganze Zeit musste ich mit dem Rücken zur Fahrtrichtung sitzen und das halte ich kaum aus."
„Verstehe ich nicht", sagt seine Frau. „Warum hast du denn niemanden gebeten, mit dir den Platz zu tauschen?"
„Ging nicht", sagt der zerstreute Professor. „Ich war allein im Abteil."

Otto war auf Norderney in Urlaub. „War ganz toll", erzählt er seinen Freunden. „Bloß eine dieser blöden Krabben hat mir eine Zehe abgebissen."
„Welche denn?", wollen die Freunde wissen.
„Weiß ich doch nicht", sagt Otto. „Diese Biester schauen ja alle gleich aus."

Herr Dumski schleppt eine Autotür mit in das Flugzeug.
„Was wollen Sie denn damit?", fragt die Stewardess.
„Ich reise in die Wüste Sahara", erklärt Herr Dumski.
„Was glauben Sie, wie toll es ist, wenn man in dieser Hitze das Fenster runterkurbeln kann!"

Überfahrt auf der Fähre. Die See ist rau und Frau Lehmann ist schwerstens seekrank. Mit grünem Gesicht sitzt sie im Bordrestaurant und nippt an einem Kamillentee. Der Ober nähert sich und fragt:
„Darf ich Ihnen das Menü servieren?"
„Lieber Gott, nein!", sagt Frau Lehmann.
„Aber es ist im Fahrpreis inbegriffen", sagt der Ober.
„Sie haben dafür bezahlt!"
„Wenn das so ist", sagt Frau Lehmann, „dann nehmen Sie das Essen und werfen Sie es gleich über Bord. Das erspart uns bestimmt eine Menge Ärger."

Herr und Frau Hämmle sind auf Abenteuerurlaub in den unerforschten Gebieten von Neuguinea. Und da passiert es. Die beiden verlieren ihre Reisegruppe und verirren sich völlig. Schließlich landen sie in einem Dorf. Die Eingeborenen vollführen einen Freudentanz. Frau Hämmle zittert am ganzen Leib.
„Bleib ganz ruhig", sagt Herr Hämmle. „Das sind bestimmt keine Menschenfresser. Ich habe noch keinen Kochtopf gesehen."
„Dummkopf!", schluchzt Frau Hämmle. „Und was ist mit diesem riesigen Mikrowellenherd?"

Mitten im Wald steht dieses kleine Ausflugsgasthaus. Familie Hempel ist begeistert. Endlich Pause nach dieser langen Wanderung!

„Haben Sie hier auch Waldmeister?", fragt Herr Hempel den Wirt.

„Sicher", sagt der Wirt. „Dort drüben steht einer. Aber wir nennen ihn Oberförster."

Im Eisenbahnabteil.

„Entschuldigen Sie", sagt der junge Mann zur älteren Dame gegenüber, „könnten Sie mir das Bein auf die Bank hochheben?" Mitleidig packt die Dame an und hebt ihm das gestreckte Bein vorsichtig auf die Bank. Dann kündigt sich der Schaffner an.

„Vielleicht könnten Sie mir auch noch die Fahrkarte aus meinem Jackett nehmen", bittet der junge Mann. „Linke Innentasche. Dort drüben hängt es."

Die ältere Dame tut wie gebeten und reicht die Karte sogar dem Schaffner.

„Danke", sagt der junge Mann. „Jetzt möchte ich Sie noch bitten, mir den Koffer herunterzuheben. Da ist die Zeitung drin."

Die ältere Dame wuchtet den Koffer herunter, gibt dem jungen Mann die Zeitung heraus und sagt mitleidig: „Also, Sie sind ja wirklich schlimm dran!"

„Nicht besonders schlimm", sagt der junge Mann.

„Ach, und was haben Sie dann?"

„Urlaub", sagt der junge Mann.

Herr und Frau Sachse reisen nach New York. Mitten im Flug über den Atlantik meldet sich die Stimme des Kapitäns.
„Es tut mir außerordentlich Leid, Ihnen mitteilen zu müssen, dass eines unserer vier Triebwerke ausgefallen ist. Es besteht keinerlei Grund zur Beunruhigung. Wir werden allerdings eine volle Stunde später als vorgesehen in New York ankommen."
Wenig später wieder der Kapitän. Ein zweites Triebwerk ist kaputt. „Aber keine Sorge", sagt er, „wir kommen bloß zwei Stunden später an als geplant."
Nach ein paar Minuten eine weitere Durchsage. Das dritte Triebwerk ist ausgefallen. „Bitte bleiben Sie ruhig", sagt der Kapitän. „Wir schaffen das leicht mit einem Triebwerk. Allerdings müssen wir langsamer fliegen und unsere Ankunft in **New York** verzögert sich um drei Stunden."
Da wendet sich Herr Sachse seiner Frau zu und sagt nachdenklich: „Jetzt mache ich mir aber langsam wirklich Sorgen. Wenn jetzt auch noch das vierte Triebwerk ausfallen sollte, kommen wir wahrscheinlich nie runter!"

Zwei ältere Damen klettern die Gangway hoch in das Flugzeug. Der Pilot heißt sie willkommen an Bord. „Hören Sie, junger Mann", sagt eine der Damen, „ich will doch sehr hoffen, dass Ihr Flugzeug nicht schneller als der Schall fliegt!"
„Würde Sie denn das stören?", will der Pilot wissen.
„Und ob", ereifert sich die andere Dame. „Meine Freundin und ich wollen uns während des Fluges unterhalten!"

Onkel Albert macht einen Ausflug mit seinem kleinen Neffen. Da wird ihr Wagen von einer Polizeistreife gestoppt.

„Wissen Sie denn nicht", sagt der Beamte streng, „dass Kinder erst ab zwölf auf dem Beifahrersitz sitzen dürfen?"

Onkel Albert macht einen Blick auf seine Uhr.

„Ach, kommen Sie, wegen der paar Minuten", sagt er. „Es ist ja eh schon fünf vor zwölf!"

Der Große Weiße Jäger hat vom Menschen fressenden Tiger gehört, der ein Dorf in Indien bedroht. Er bietet seine Hilfe an. Und schon in der nächsten Nacht sitzt der Große Weiße Jäger im Dschungel und lauert dem Menschen fressenden Tiger auf. Es ist stockfinster. Die unheimlichen Geräusche des Dschungels dringen durch die Nacht. Da – wenige Meter vor dem Großen Weißen Jäger glimmen zwei bernsteingelbe Lichter auf. „Das ist der Bursche", denkt der Große Weiße Jäger. „Himmel, stehen seine Augen weit auseinander. Der muss ja ungeheuer groß sein!" Und schon feuert er in die Mitte zwischen die beiden glühenden Lichter. *Peng!* Doch die Lichter bleiben. Sie kommen näher. *Peng!* Wieder hat der Jäger zwischen die Augen gefeuert. *Peng! Peng! Peng!* Doch die Lichter kommen näher und näher. Der Große Weiße Jäger hat keine Kugel mehr. Er macht die Taschenlampe an. Und was sieht er vor sich, zum Sprung geduckt? Zwei einäugige Tiger nebeneinander.

Die Baaskes kehren in einem Landgasthof ein und bestellen Brezen. Herr Baaske greift nach einer Breze und will sie mit seiner Frau teilen. Doch sie ist zäh wie Leder. Unmöglich, die Breze auseinander zu brechen.
„Herr Wirt", ruft Herr Baaske, „dieses gummiartige Ding da, das nehmen Sie gefälligst zurück!"
„Unmöglich", sagt der Wirt. „Sie haben sie ja schon total verbogen!"

Der Tourist betritt das Dorfwirtshaus. Zwei Einheimische hocken an einem Tisch.
„Entschuldigen Sie", sagt der Tourist, „Sie sehen einander so ähnlich. Sind Sie miteinander verwandt?"
„Weitläufig", sagt der eine. „Wir sind Brüder."
„Verstehe ich nicht", sagt der Fremde. „Wieso weitläufig – wo Sie doch Brüder sind?"
„Na ja", sagt der andere Einheimische. „Der Sepp ist das erste Kind und ich bin das zwölfte."

Herr und Frau Mehlmann machen eine Antarktis-Kreuzfahrt. Auf den unwirtlichen, eisbedeckten Stränden wimmelt es von dunklen Pünktchen.
Frau Mehlmann setzt das Fernglas an – und sieht eine Menge Pinguine herumstehen.
„Meine Güte", fragt sie ihren Mann, „das sind ja Pinguine. Wo kommen die denn her?"
„Ich vermute", sagt Herr Mehlmann, „aus Eiern."

Die Hubers wandern durch die Heide. Sie wandern und wandern durch die einsame Landschaft und langsam geht die Sonne unter. Plötzlich endet der Weg an einem Fluss. Zum Glück steht da ein Schäfer.
„Wo ist denn das nächste Dorf?", fragt Frau Huber.
„Gleich drüben am anderen Ufer", sagt der Schäfer.
„Hm", sagt Herr Huber. „Und ist der Fluss tief?"
„Nein, nein", sagt der Schäfer. „Der ist ganz seicht!"
Also beschließen die Hubers durchzuwaten. Das Wasser geht ihnen bis zu den Knöcheln, bis zu den Knien – und dann stehen sie bis zum Hals im Wasser.
„Komisch", murmelt der Schäfer, „den Enten geht das Wasser nur bis zur Brust."

Die neue Stewardess kommt auf Zehenspitzen in das Cockpit geschlichen.
„Käpt'n", flüstert sie, „in der ersten Klasse sitzt ein Elefant. Was soll ich bloß tun?"
„Gar nichts", sagt der Pilot. „Das hier ist schließlich ein Jumbo-Jet."

Ein Engländer fährt in Deutschland mit der Eisenbahn und will sich ein wenig mit der Nachbarin unterhalten. „Entschuldigen Sie", sagt er, „sind Sie geheiratet?"
„Das heißt nicht geheiratet, das heißt verheiratet", sagt die Nachbarin. „Nein, ich bin nicht verheiratet."
„Fine", sagt der Engländer und denkt nach. „Und sind Sie verschieden?"

Herr und Frau Dämlich haben einen Abenteuerurlaub gebucht und jetzt sind sie beide bei den Kannibalen im Kochtopf gelandet. Schon prasselt das Feuer unter dem Topf, und Herr Dämlich schimpft und flennt und heult.
„Hör doch endlich auf, dich zu beschweren!", ruft Frau Dämlich. „Du hast es ja so gewollt und bist selber schuld. Hast du nicht immer gesagt: So ein Abenteuerurlaub, das ist eine ganz heiße Sache!?"

Udo Knatzke ist auf Besuch in München und will endlich mal einen echten Bayern kennen lernen. Er geht ins Hofbräuhaus und setzt sich zu einem Einheimischen. Doch der Münchner will mit dem Preußen nichts zu tun haben.
„Schön haben Sie's hier", sagt Udo zu seinem Nachbarn.
Der Einheimische rührt sich nicht.
„Sind Sie öfter hier?", fragt Udo. Der Münchner starrt schweigend vor sich hin.
Da kommt ein Spendensammler vom Roten Kreuz mit seiner Büchse. Udo wirft fünf Euro hinein. Der Sammler wendet sich an den Einheimischen. Doch der knurrt: „Geh weida. Mir zwoa ghörn zsamm."

Fahrscheinkontrolle im Bus.

„Hör mal, mein Junge", sagt der Beamte zu Edgar, „du bist wohl schon ziemlich alt für einen Kinderfahrschein!"
„Ach", sagt Edgar, „und warum sagen Sie dann du zu mir?"

„Heute geht wirklich alles schief", sagt der Pilot zum Kopiloten. „So ein verflixter Tag. In der Früh fällt mir die Zahnbürste ins Klo. Beim Frühstück fällt mir die Butter in den Tee. Und jetzt fällt mir auch noch das Triebwerk ins Meer!"

Herr und Frau Drösel besuchen Weimar und verirren sich hoffnungslos. Schließlich fragen sie einen Einheimischen.
„Können Sie uns sagen, wie wir am schnellsten zu Goethes Wohnhaus kommen?"
„Sicher", sagt der Einheimische. „Aber Sie brauchen sich gar nicht zu beeilen. Er ist schon tot."

Egon braust mit seinem Wagen in falscher Richtung durch die Einbahnstraße. An der Kreuzung hält ihn ein Polizist auf und sagt: „Ganz schön gefährlich, was Sie da machen. Haben Sie denn all die Pfeile nicht gesehen?"
„Was denn", sagt Egon erschrocken. „Indianer?"

Egon jagt mit einem neuen BMW auf Teufel komm raus über die Landstraße. Geschwindigkeitsbegrenzung 80 – macht nichts. Egon gibt Gas. Da hört er auch schon das Martinshorn. Egon fährt kleinlaut rechts ran.
„Bin ich etwa zu schnell gefahren?", fragt er den Polizisten.
„Keineswegs", sagt der Polizist. „Sie sind zu tief geflogen."

~ Familie Bröslinger macht Urlaub am Roten Meer.
„Mami, darf ich mit der Luftmatratze ein Stück rausschwimmen?", bettelt der kleine Franz.
„Um Himmels willen, nein!", ruft Frau Bröslinger. „Da draußen gibt es Haie!"
„Aber Papi darf doch auch!", beschwert sich Franzi.
„Das ist was anderes", sagt Frau Bröslinger. „Der ist versichert."

~ Die wirklich sehr sparsame Familie McKnauser geht ins Museum. Plötzlich will der kleine Tom auf die Toilette. Der Vater nimmt ihm die Brille ab, gibt sie seiner Frau und bringt den Sohn auf die Toilette.
Als die beiden wieder zurück sind, fragt Frau McKnauser: „Sag mal, warum hast du ihm die Brille weggenommen?"
„Warum wohl?", ereifert sich Herr McKnauser. „Gibt ja doch nichts Interessantes zu sehen auf dem Klo!"

Familie Baaske fährt mit der Bimmelbahn durch das schöne Oberbayern. Der Zug hält in jedem kleinen Kuhdorf.
„Herr Schaffner", sagt Herr Baaske, „wir müssen in Tüpfling aussteigen und wollen die Station auf keinen Fall versäumen. Können Sie uns sagen, wann es so weit ist?"
„Tüpfling können Sie gar nicht verpassen", sagt der Schaffner. „Bevor wir nach Hintling kommen, sehen Sie rechts einen riesigen Silo. Den übersehen Sie garantiert nicht. Und Tüpfling ist eine Station vorher."

Der Zug ist wieder einmal überfüllt und Oma Friedlich muss auf dem Gang stehen. Im Sitz lümmelt ein junger Mann. Er sieht Oma Friedlich und flüstert ihr zu: „Pssst, nächste Station steige ich aus. Wenn Sie flink sind, können Sie den Sitz haben!"

„Dieses Jahr brauchen wir nicht ans Meer zu fahren", erzählt Frau Knoll ihrer Nachbarin. „Die unbezahlten Rechnungen überfluten uns und in der Kasse herrscht Ebbe."

Ein Reisender betritt die Hotelhalle und wendet sich an den Portier: „Ich hätte gern einen schönen, langen Flur für drei Nächte."
„Einen Flur?", fragt der Portier erstaunt.
„Gewiss", sagt der Reisende. „Ich bin nämlich Schlafwandler."

„Ich möchte morgen früh um halb sechs geweckt werden", sagt der Gast zum Hotelportier. „Ich hoffe, das ist Ihnen nicht zu früh!"
„Aber nein", sagt der Portier. „Ich gebe Ihnen einen Wecker mit, dann rufen Sie mich in der Früh an, und dann wecke ich Sie pünktlich auf."

Im Reisebüro.
„Ich kann Ihnen einen Urlaub auf dieser kleinen Insel wirklich nur empfehlen. Die absolute Erholung. Kein Fernsehen und jeden Tag strahlend blauer Himmel."
„Ach", sagt der Kunde. „Und worüber unterhalten sich die Leute?"

„Niemals im Leben wird mich jemand in ein Flugzeug bringen", erklärt Herr Birnstingl. „Flugzeuge sind das gefährlichste Transportmittel der Welt!"
„Ich verstehe nicht, wie du das sagen kannst", meint sein Freund. „Letztes Jahr, als du mit dem Zug nach Spanien gefahren bist, da wärst du doch bei diesem Zugunglück beinahe umgekommen!"
„Das schon", sagt Herr Birnstingl. „Aber damals ist auch ein Flugzeug auf den Zug gestürzt."

Im Reisebüro. Herr Topp hat eben eine Reise nach Afrika gebucht und jetzt bittet er noch um eine Landkarte der Wüste Sahara.
„Haben wir leider nicht", sagt der Mann vom Reisebüro. „Aber ich denke, ein großes Blatt Sandpapier sollte es auch tun."

Frau Mehlmann ruft am Flughafen an. „Hallo, hier Frau Mehlmann. Können Sie mir sagen, wie lange ein Flug von München nach Paris dauert?"
„Einen Augenblick nur ...", sagt die Stimme.
„Danke schön", sagt Frau Mehlmann und legt auf.

„Dieser Urlaub in Rom hat mich echt nachdenklich gemacht. Seither glaube ich wieder an Himmel und Hölle!"
„Wieso? Hat dich der Papst so beeindruckt?"
„Das nicht. Diese Taxifahrt vom Flughafen zum Hotel – das war die Hölle. Und was für ein himmlisches Gefühl, als wir endlich da waren!"

Ein Mann steigt mit seinem Heißluftballon hoch auf.
Unglücklicherweise fällt er aus dem Ballon.
Glücklicherweise ist genau unter ihm ein riesiger Heuhaufen.
Unglücklicherweise steckt im Heuhaufen eine Heugabel.
Glücklicherweise verfehlt er die Heugabel.
Unglücklicherweise verfehlt er auch den Heuhaufen.

> *Der Wanderer kommt in ein kleines Dorf und ist recht erstaunt darüber, dass es auf dem Kirchturm zwei Uhren gibt. Und dass die Uhren verschiedene Zeiten anzeigen. Er bittet einen Einheimischen um Auskunft.*
>
> *„Sie müssen das so sehen", sagt der Einheimische. „Wir haben nun mal zwei Uhren. Und wenn beide Uhren die gleiche Zeit anzeigen würden, dann wäre ja eine davon überflüssig."*

Bauer Feddersen hat seinen Hof verkauft und fährt nach Hamburg, um sich ein richtig tolles Auto zu kaufen. Staunend steht er im Autohaus und guckt sich einen schnittigen knallroten Sportwagen an.
„Der sieht ja recht ordentlich aus", sagt Bauer Feddersen.
„Aber ist er auch schnell? Ich meine, so richtig schnell?"
„Schnell?" Der Verkäufer lächelt mitleidig. „Sie fragen, ob dieser Ferrari auch schnell ist? Hören Sie, wenn Sie jetzt in diesen Wagen einsteigen, dann sind Sie morgen um vier Uhr früh in Wien!"
„Ach", sagt Bauer Feddersen. „Dann kaufe ich ihn lieber nicht. Ich wüsste nicht, was ich um vier Uhr morgens in Wien tun sollte."

*Die Mehlmanns machen Urlaub auf dem Bauernhof. Sie werden freundlich empfangen und der Bauer erklärt ihnen alles.
„Eins wollte ich gleich am Anfang sagen", meint er, „bei uns am Hof geht man mit den Hühnern schlafen."
„Um Gottes willen!", ruft Herr Mehlmann. „Haben Sie denn keine eigenen Betten?"*

In der Straßenbahn sitzt eine ältere Dame mit einer großen Schachtel auf dem Schoß. Der Deckel hat eine Menge Löcher.
„Entschuldigen Sie", sagt die Nachbarin, „was haben Sie denn da in der Schachtel?"
„Eine Katze", sagt die ältere Dame.
„Ach, Sie fahren zum Tierarzt?"
„Nein, keineswegs", sagt die Dame. „Die Katze trage ich immer mit mir. Wissen Sie, ich habe nämlich neulich davon geträumt, dass mich eine wilde Horde Mäuse überfällt. Und da brauche ich eine Beschützerin."
Die Nachbarin schüttelt verständnislos den Kopf. „Aber die Mäuse", sagt sie, „die waren doch bloß im Traum. Die sind doch nicht wirklich!"
„Ich weiß", lächelt die ältere Dame, „aber die Katze ist doch auch nicht wirklich!"

*„Na, Else, wie war's heute in der Stadt?", fragt Herr Brösel.
„Interessant", sagt Frau Brösel. „Ich habe ein paar alte Freundinnen getroffen."
„Himmel!", ruft Herr Brösel. „Du warst doch nicht mit dem Auto unterwegs!"*

Herr Kornblum war in Indien auf Urlaub. „Es war wirklich sehr beeindruckend", erzählt er. „Ich habe einen Maharadscha kennen gelernt, der mich in seinen Palast eingeladen hat. Und eines Tages sind wir sogar in den Dschungel gegangen, um den Menschen fressenden Tiger zu sehen!"
„Und", fragen die Freunde, „hattet ihr Glück?"
„Kann man wohl sagen", meint Herr Kornblum.
„Er war nicht zu Hause."

Eine Frau steht nachts im strömenden Regen neben ihrem Auto und winkt. Endlich bleibt ein Fahrer stehen.
„Ich hatte einen Platten", sagt die Frau. „Und inzwischen habe ich den Reifen auch gewechselt. Bloß – jetzt klemmt der Wagenheber und ich kriege ihn nicht mehr unter dem Auto raus."
„Das haben wir doch gleich", sagt der hilfsbereite Fahrer. „Sie lösen die Handbremse, ich schiebe an und dann plumpst der Wagen auf die Reifen runter."
„Bloß nicht!", sagt die Frau. „Mein Mann schläft auf dem Rücksitz und der könnte aufwachen!"

Der Portier zeigt dem Gast sein Hotelzimmer. „Dieser Raum ist ein wenig teurer. Dafür sehen Sie von diesem Fenster aus jeden Tag die Sonne untergehen!"
„Ach", sagt der Gast, „und bei einem Sturm?"
„Dann", sagt der Portier, „sehen Sie die Schiffe untergehen."

◞ Herr Zackenfritz kommt von seiner Geschäftsreise nach Hause.
„Guck mal, Schatz, was ich in Tokio gekauft habe. Ein computergesteuertes Thermometer!"
„Ach", sagt Frau Zackenfritz enttäuscht, „und du glaubst, mich interessiert, wie warm es in Japan ist?"

◞ Die Nacht ist hereingebrochen. Es gießt wie aus Eimern und Blitze zucken durch die Nacht. An die Tür des einsamen Forsthauses pocht ein Wanderer und bittet um Unterkunft.
„Na schön", sagt der Förster, „aber Ihr Bett müssen Sie sich schon selber machen!"
„Wenn es weiter nichts ist", sagt der Wanderer dankbar.
„Gut", sagt der Förster. „Hier haben Sie Hammer und Nägel, die Bretter liegen draußen im Schuppen."

Die U-Bahn ist wieder mal völlig überfüllt. Ein freundlicher Herr steht neben dem Fünfjährigen und seiner Mutter: „Na, haben Sie denn keine Angst, dass der Kleine zerdrückt wird?"
„Dem tut bestimmt keiner was", sagt die Frau, „der beißt!"

～ Ein ganzes Team von Wissenschaftlern ist einem Kannibalenstamm in die Hände gefallen.
Und es dauert auch nicht lang, bis die großen Kochtöpfe angeheizt sind.
„Den mit dem grünen Hut tun wir wieder raus", sagt der Medizinmann. „Mit dem habe ich in Göttingen studiert."

Helle Aufregung im Transatlantik-Flugzeug.

Erst jault die rechte Turbine und gibt ihren Geist auf, dann verabschiedet sich die linke Tragfläche und schließlich kriegt die Chefstewardess einen Herzanfall. Doch der Chefpilot hat die Ruhe weg.
„Meine sehr verehrten Damen und Herren, bitte beruhigen Sie sich", ruft er ins Bordmikrofon. „Wir haben alles im Griff."
Wenig später brennt auch die andere Turbine. Und der Pilot läuft mit seinem Fallschirm durch das Flugzeug zum Ausgang.
„Was machen Sie denn da?", rufen die Fluggäste.
„Ich geh mal eben Hilfe holen!", antwortet der Pilot.

～ Mia macht Urlaub auf dem Bauernhof. Da sieht sie das erste Mal in ihrem Leben, wie die Katze eines ihrer Jungen mit den Zähnen am Genick packt und davonträgt.
„Du willst eine Mutter sein?!", ruft sie voller Empörung. „Nie im Leben bist du eine Mutter – du bist ja nicht mal ein Vater!"

⌒ *Zwei Skelette begegnen sich.*

„Du strahlst ja so, ist irgendwas Besonderes los?"
„Ab morgen mache ich Urlaub!"
„Ach, und hast du schon 'ne Ahnung, wo du unterkommen wirst?"
„Noch nicht, ich muss mir erst einen Friedhofsführer besorgen."

Immer diese Schule!

Dieses Jahr gibt es auf der Klassenfahrt eine Dampferfahrt über den Bodensee. "Noch eines, Jungs", sagt der Lehrer. "Seid ja vorsichtig und lehnt euch ja nicht hinaus. Und wenn doch einer von euch über Bord fallen sollte, Klaus, was ruft ihr da?"

"Schüler über Bord!"

"Schön", sagt der Lehrer. "Und was macht ihr, Rolf, wenn einer von den Lehrern ins Wasser fällt?"

"Kommt drauf an", sagt Rolf, "welcher Lehrer."

Die Schule ist aus. Sabine, Karl und Thomas laufen nach Hause. "Und was machen wir am Nachmittag?", fragt Karl.

"Ich weiß", sagt Thomas. "Wir werfen eine Münze. Bei Zahl gehen wir schwimmen. Bei Kopf gehen wir ins Kino."

"Fein", sagt Sabine. "Und wenn die Münze auf dem Rand stehen bleibt, machen wir Hausaufgaben!"

Schulausflug in den Bayerischen Wald. Die Schüler übernachten in einer Jugendherberge.

"Ich will aber nicht unter dem Rolf im Stockbett liegen", beschwert sich Dieter beim Lehrer.

"Warum denn nicht?"

"Rolf ist doch Bettnässer!"

"Ach", sagt der Lehrer. "Ist das schon bis zu dir durchgesickert?"

- Die Biologielehrerin erzählt von der heimischen Vogelwelt. „Vögel, die auf langen dünnen Beinen dahinschreiten, nennt man Stelzvögel. Den größten Stelzvogel habt ihr sicher alle schon mal gesehen. Das ist der Storch."
„Hahaha!", lacht Andrea. „Der Storch! Meine Mami hat mir erzählt, dass es den gar nicht gibt!"

- *Nach der Malstunde sagt die Lehrerin: „Petra und Verena, ihr habt euch ja eure Pullover tüchtig mit Kleister bekleckert. Zu Hause solltet ihr die Pullover gleich wechseln!"*
„Das könnten wir eigentlich auch gleich machen", sagt Petra und zieht ihren Pullover aus. „Komm, Verena, gib mir deinen."

- „Christina", sagt der Lehrer, „was ist mehr: achtzehn oder achtzig?"
Christina schweigt.
„Also schön", sagt der Lehrer. „Ich gebe dir ein Beispiel. Was hättest du lieber zum Geburtstag: achtzehn Pfefferminzbonbons oder achtzig Pfefferminzbonbons?"
„Ich hätte lieber achtzehn", sagt Christina.
„Lieber Himmel", ruft der Lehrer, „weißt du denn nicht, dass achtzehn Pfefferminzbonbons weniger sind als achtzig?"
„Natürlich weiß ich das", sagt Christina. „Bloß, ich mag keine Pfefferminzbonbons."

„Na, Max", fragt die Tante, „wie geht's in der Schule?"
„Gut", sagt Max, „ich bin in meiner Klasse immer der Erste!"
„Na, das freut mich aber", sagt die Tante. „Der Erste beim Rechnen?"
„Nein."
„Beim Lesen?"
„Nein."
„Beim Schreiben?"
„Nein."
„Wo dann?"
„Wenn's klingelt!"

Elke geht mit ihrer Mutter einkaufen. Plötzlich flüstert Elke: „Du, Mami, siehst du diesen Mann mit dem Hut? Ich möchte nicht, dass du dich von ihm anquatschen lässt!"
„Jetzt hör mal, was soll der Unsinn!", ruft die Mutter. „Ich lasse mich doch nicht von irgendwelchen Kerlen anquatschen!"
„Versprochen?", fragt Elke gespannt.
„Versprochen!", sagt die Mutter. „Aber sag mal, wer ist denn das eigentlich?"
„Mein Klassenlehrer!"

„Ich soll dir schöne Grüße vom Lehrer ausrichten", sagt der kleine Ralf nach der Schule. „Und morgen um acht Uhr abends ist Elternabend im kleinen Kreis."
„Im kleinen Kreis?", fragt der Vater verwundert. „Wer kommt denn da alles?"
„Na du", sagt Ralf, „und der Lehrer."

Die kleine Ilse wird an die Tafel gerufen.
„Ich kann leider nicht", sagt Ilse.
„Jedes Mal, wenn ich auf die Tafel gucke, wird mir schwarz vor den Augen."

Der Religionslehrer erzählt vom Jüngsten Tag. „In der Bibel steht geschrieben, dass dereinst die Posaunen ertönen werden. Die Berge erzittern, die Mauern stürzen ein und aus den Gräbern steigen die Verstorbenen."
Rolf hört fasziniert zu. „Und", fragt er, „haben wir dann schulfrei?"

„Hast du eigentlich gute Zähne?", fragt der kleine Udo seine Banknachbarin kurz vor der Pause.
„Hab ich nicht", sagt Ilse. „Die wackeln alle."
„Dann ist es ja gut", sagt Udo. „Dann kannst du auf meine Karamelbonbons aufpassen und ich geh mit den anderen Fußball spielen."

Erich stöhnt unter seinen Hausaufgaben. „Ich wollt, ich wäre tot!", jammert er.
„Um Gottes willen, warum denn!", ruft der Vater.
„Dann könnte ich den ganzen Tag lang faul im Sarg rumliegen."

Der neue Lehrer schielt ganz fürchterlich. Er steht vor Marion und fragt: „Wie viel ist sieben mal sieben?"
„Neunundvierzig", sagt Ulrike.
„Dich hab ich gar nicht gefragt!", sagt der Lehrer.
„Ich hab ja auch gar nichts gesagt!", ruft Elke.

❖〜 Die Lehrerin schreibt „*3:3*" auf die Tafel.
„Paul, was bedeutet das?"
„Unentschieden drei zu drei."

„Eine ganz einfache Aufgabe, Franz", sagt die Lehrerin.
„Angenommen, dein Onkel hat sechs Euro in der Hand und er ..."
„Geht nicht", unterbricht Franz. „Ich habe keinen Onkel.
Ich habe nur eine Tante."
„Schön", sagt die Lehrerin, „angenommen, deine Tante hat
sechs Euro in der Hand und sie ..."
„Das geht leider auch nicht", sagt Franz. „Meine Tante kann
keine Euro haben. Die wohnt nämlich in Australien. Aber ich
habe einen großen Bruder."
„Also schön", seufzt die Lehrerin. „Angenommen, dein großer
Bruder hat sechs Euro in der Hand und du bittest ihn, dir
drei Euro zu leihen, wie viel hat er dann noch?"
„Sechs Euro", ruft Franz.
„Aber wieso denn?", ruft die Lehrerin ärgerlich.
„Weil er mir nie was leihen würde."
„Jetzt wird es mir aber gleich mal zu bunt!", ruft die Lehrerin wütend.
„Angenommen, dein Vater gibt deinem Bruder sechs Euro
und befiehlt ihm, die sechs Euro mit dir gerecht zu teilen,
wie viel hat er dann noch?"
„Vier Euro."
„Warum denn vier und nicht drei Euro?", ruft die Lehrerin
verzweifelt.
„Weil ich noch nicht so gut rechnen kann", meint Franz.

„Es gibt eine ganze Reihe von Meereslebewesen, die trotzdem normale Luft atmen", erzählt der Biologielehrer. „Kann mir jemand vielleicht ein Beispiel nennen?"
Großes Nachdenken.
„Ich weiß", ruft Olga. „Matrosen!"

„Heike, jetzt erzähl uns mal, wozu die Kartoffeln gehören!"
„Zu den Nachtschattengewächsen!", sagt Heike stolz.
„Prima", sagt der Lehrer, „und Klaus wird uns sagen, wozu die Zwiebeln gehören."
„Die Zwiebeln", sagt Klaus, „gehören zum Kartoffelsalat."

Lehrer: „Claudia, nenne mir sechs Dinge, die Milch enthalten!"
Claudia: „Käse, Quark, Joghurt, Rahm, Schokolade und ... äh ... Kühe."

„Heinz, mach den Fernseher endlich aus und setz dich an deine Hausaufgaben!", ruft die Mutter.
„Keine Lust!", mault Heinz.
„Komm schon, Hausaufgaben haben noch keinen umgebracht!"
„Aha", ruft Heinz, „und ich soll also der Erste sein!"

Geschichtsunterricht. „Im Mittelalter brachen gefährliche Seuchen über Europa herein und töteten Millionen von Menschen."
Fritz ist erschüttert. „Wenn im Mittelalter die Säuchen schon so gefährlich waren", überlegt er, „wie schlimm müssen dann erst die großen Säue gewesen sein!"

Herr Bolle ruft den Lehrer an. „Sagen Sie, warum haben Sie meine Veronika heute Vormittag nach Hause geschickt?"
„Weil mir Ihre Tochter erzählt hat, dass ihre Schwester Masern hat!", sagt der Lehrer. „Stimmt das etwa nicht?"
„Das stimmt schon", sagt Herr Bolle.
„Aber die ist zur Zeit in England."

> *Marie kommt von der Schule nach Hause. „Stellt euch vor", ruft sie, „es gibt etwas, was in der ganzen Schule niemand kann außer mir, nicht einmal der Lehrer!"*
> *„So, was denn?", fragt die Mutter.*
> *„Meine Handschrift lesen!"*

So einen schlechten Schüler wie Erik hat der Deutschlehrer in seinem ganzen Berufsleben noch nie gehabt.
„Was soll ich machen?", jammert Erik. „Ich kapier einfach nichts. Ich kann mich anstrengen, wie ich will. Was Sie sagen, geht bei beiden Ohren rein und beim anderen raus."
„Bei beiden Ohren rein und beim anderen raus?", fragt der Lehrer erstaunt. „Aber du hast doch nur zwei Ohren!"
„Das stimmt", seufzt Erik. „In Mathematik bin ich auch ziemlich schlecht."

„Der Maulwurf ist ein äußerst gefräßiges Tier", erzählt der Lehrer. „Tag für Tag frisst er so viele Würmer und Engerlinge und Käfer, wie er selbst wiegt."
„Verstehe ich nicht", meint Klaus. „Hat er denn eine Waage?"

Langsam aber sicher wird der Religionslehrer ungeduldig. „Könnt ihr euch denn wirklich überhaupt nichts merken?", schimpft er schließlich entnervt.
„Petrus war ein was? Er war ein Apo…, ein Apo…"
„Ein Apotheker!", ruft Heidi.

Der Ethiklehrer versucht zu erklären, was man unter „Notwehr" versteht. „Wenn man in großer Not ist und wenn großer Schaden droht, dann darf man sich ausnahmsweise auch mit Mitteln wehren, die normalerweise verboten sind", sagt der Lehrer. „Erna, kannst du mir ein Beispiel nennen?" Erna denkt nach. „Ein Beispiel für Notwehr ist", sagt sie, „wenn man die Schule geschwänzt hat. Dann ist man am nächsten Tag in großer Not und es droht großer Schaden. Dann darf man sich die Entschuldigung selbst schreiben."

Verkehrserziehung. Der Lehrer erklärt den Kindern, weshalb man beim Fahrradfahren ein Handzeichen geben muss, wenn man abbiegt: Damit sich die anderen Leute auf der Straße drauf einstellen können.
„Also", sagt der Lehrer, „wenn man nach rechts abbiegen möchte, zeigt man das mit der rechten Hand an. Nach links mit der linken Hand. Alles klar? Machen wir also einen Versuch. Wir wollen nach rechts abbiegen. Welche Hand strecken wir raus?"
Die Kinder heben die rechte Hand. Nur einer hebt die linke.
„Was ist denn mit dir los, Kurt?", fragt der Lehrer.
„Das wissen Sie doch", ruft Kurt. „Ich bin Linkshänder."

Silke meldet sich. „Herr Lehrer, was ist eigentlich ein Phänomen?"

„Du willst es wirklich wissen?", fragt der Lehrer ungläubig.

„Ja, wirklich!", ruft Silke.

„Na, dass du dich einmal für irgendwas interessierst", sagt der Lehrer, „das zum Beispiel ist ein echtes Phänomen!"

Die kleine Sylvia kommt nach Hause.
„Weißt du, was heute auf dem Spielplatz passiert ist?",
sagt sie. „Da ist ein Mann gekommen und hat mir ein Eis gekauft."
„Um Gottes willen!", ruft die Mutter ganz aufgeregt. „Mit dem darfst du niemals wieder sprechen, hörst du?"
„Wieso denn", sagt Sylvia. „Das war doch Papi!"

„Jetzt hör mal gut zu, Fritz", sagt der Religionslehrer. „Wenn du nicht aufhörst, Anna am Haar zu ziehen, dann kommst du nie in den Himmel!"

„Komm ich doch!", ruft Fritz.

„Ach", sagt der Lehrer. „Und wie willst du das anstellen?"

„Ich habe da einen Plan", sagt Fritz. „Wenn ich ans Himmelstor komme, dann mach ich es auf, dann mach ich es wieder zu, und auf, und zu, und auf, und zu. Und dann ruft der liebe Gott: Um Himmels willen, Fritz, jetzt komm entweder rein oder bleib draußen!"

„Na, Frau Meier, was wird aus Ihrem Sohn eigentlich werden, wenn er endlich mit seinem Studium fertig ist?"
„Ich fürchte", sagt Frau Meier, „ein Rentner."

„Papi", ruft Elisabeth, „heute haben wir in der Schule gelernt, dass der Mensch nur ein Drittel seines Gehirns benutzt."
„Na, so etwas!", brummt Papi. „Und was macht er mit seinem anderen Drittel?"

- „Das Mädchen neben mir in der Schule ist furchtbar klug", erzählt Heinz. „Das hat echt genug Hirn für zwei."
„Klingt gut", seufzt die Mutter. „Vielleicht heiratest du sie ja eines Tages."

- Der Schulinspektor kommt auf die Dorfschule im hintersten Bayern und fragt einen der Schüler: „Sag mal, wer hat die Berliner Mauer zu Fall gebracht?"
„Weiß nicht", sagt der Bub, „aber ich war's nicht."
Verärgert über so viel Unwissen wendet sich der Inspektor an den Schuldirektor und erzählt ihm die Sache. „Der Bursche ist ein Frechdachs!", sagt der Direktor. „Aber in diesem Fall sollten wir ihm glauben."
Der Schulinspektor traut seinen Ohren nicht und wendet sich an das Bayerische Kultusministerium. Wenig später erhält er folgenden Brief: „Mit Bezug auf die bedauerlichen Vorkommnisse im Zusammenhang mit der Berliner Mauer beehren wir uns, Ihnen mitzuteilen, dass diese Angelegenheit nicht in den Zuständigkeitsbereich des Kultusministeriums fällt, und empfehlen Ihnen, sich an den Bundesbauminister zu wenden."

*Im Naturkundemuseum. Familie Brösel steht vor einem
ausgestopften Vogel Strauß. „Dies, Kinder", sagt Herr Brösel
stolz, „ist der Vogel Strauß. Der ist ausgestorben."
„Aber Papi", ruft Willi Brösel, „der Vogel Strauß ich doch
nicht ausgestorben!"
Herr Brösel tritt einen Schritt näher, guckt sich den Strauß
genau an und sagt: „Dieser hier schon!"*

Heute ist der Direktor im Mathematikunterricht mit dabei. Er will Heinzi prüfen.

„Sag mal, Heinzi", fragt er, „wenn jemand einen Fußball für 42 Euro und 25 kauft und ihn dann für 39 Euro 75 verkauft – hat er dann bei diesem Geschäft verdient oder verloren?"

Heinzi muss sehr lange überlegen. Dann sagt er: „Beides – bei den Cent hat er verdient, bei den Euro hat er verloren!"

*Der Religionslehrer spricht über die Geburt von Jesus im
Stall und zeigt das Michelangelo-Bild „Die Heilige Familie".
Karin zeigt auf. „Eins ist mir nicht klar. Warum kam Jesus
nicht in einem ordentlichen Zimmer auf die Welt?"
„Weil in der billigen Herberge kein Platz war", sagt der
Lehrer.
„Und warum haben sich Josef und Maria dann keine
Wohnung gemietet?"
„Dafür waren sie zu arm", erklärt der Lehrer.
„Ach", sagt Karin, „aber um einen Maler herzubestellen,
dafür hatten sie Geld!"*

„Die Schule bereitet auf das Leben vor", erklärt der Lehrer. „Und was man lernt, hilft später weiter. Deshalb sollte man seine Schulzeit nicht mit kindischen Späßen vertrödeln. Man sollte sich anstrengen!"

Prüfend blickt der Lehrer in die Gesichter der Schüler. Er ist sich nicht ganz sicher, ob sie das alles auch verstanden haben.

„Also, Ulrich", sagt der Lehrer, „warum sollte man sich in der Schule anstrengen?"

Ulrich blickt sich Hilfe suchend um. Dann scheint es ihm zu dämmern.

„Sie haben Recht", sagt er strahlend. „Warum sollte man auch."

Der Lehrer will den Kindern zeigen, dass es gut und richtig ist, andere auf ihre Fehler aufmerksam zu machen – sogar einen Lehrer. Und er will zeigen, dass man davor keine Angst zu haben braucht.

„Also, Kinder, nennt eine Zahl!"

„15."

Der Lehrer schreibt 51 auf die Tafel. Niemand meldet sich.

Neuer Versuch. „Eine andere Zahl!"

„37."

Der Lehrer schreibt 73 auf die Tafel. Abermals Totenstille.

Noch ein Versuch.

„33!", ruft Ralf und flüstert seinem Nachbarn zu: „Mal sehen, was er da für einen Fehler reinhaut!"

Lehrerin: „Also Kinder, heute werden wir zum ersten Mal mit Computern rechnen."
Erwartungsvolles Gemurmel in der Klasse. Dann gespannte Stille.
Darauf die Lehrerin: „Else, sag mir: Wie viel ist vier Computer weniger drei Computer?"

Als Ernas Vater von der Elternsprechstunde nach Hause kommt, ziehen dicke Wolken am Familienhimmel auf. Er schimpft und tobt und brüllt herum. Endlich fällt ihm nichts mehr ein und Erna kommt zu Wort.
„Ich weiß gar nicht, was du willst", erklärt sie schnippisch. „Das ist doch ganz natürlich, dass die Lehrer mich dumm finden – die waren schließlich schon auf der Universität!"

Lehrer: „Die Zukunftsform von ‚wir laufen' ist ‚wir werden laufen' und von ‚wir sprechen' ‚wir werden sprechen'. Klar? – Bodo, was ist die Zukunftsform von ‚wir trinken'?"
Bodo: „Wir werden betrunken sein."

Was ist der Unterschied zwischen einem doofen Lehrer und einem doofen Buch?
Ein doofes Buch ist leiser.

Der kleine Oskar hätte beim Weihnachtsspiel gar zu gerne den heiligen Josef spielen wollen – aber nichts da. Keine Chance für Oskar. Und noch dazu sucht die Lehrerin ausgerechnet den blöden Emil für die Rolle des Josef aus und Oskar darf bloß den Herbergswirt spielen. Oskar sinnt auf Rache ...
Der große Tag ist gekommen. Die Aufführung nimmt ihren Lauf. Maria und Josef klopfen an die Herbergstür.
„Wer klopfet an?", singt der Oskar, der Herbergswirt.
„Oh, zwei gar arme Leut", singen Maria und Josef.
„Was wollt ihr denn?", singt der Wirt.
„Oh, gebt uns Herberg heut", flehen Maria und Josef.
„Okay, Leute", ruft der Herbergswirt. „Rein mit euch. Ich habe noch ein schönes Zimmer frei. Und soll ich die Hebamme anrufen?"

Die erste Klasse hat gelernt, was eine Kuh ist und woher die Milch kommt. Zur Vertiefung des Stoffes wird eine Molkerei besichtigt. Ein netter Herr in einem weißen Mantel führt die Kinder im Betrieb umher und erklärt ihnen alle Arbeitsgänge.
„Hat einer von euch noch eine Frage?", sagt er zum Schluss. Da hebt die kleine Helma den Finger: „Hast du schon gesehen, dass ich mein neues Fahrradkostüm anhabe?"

Mathematiklehrer: „Wenn man von einem Ganzen viermal jeweils ein Viertel abzieht, was ist dann der Rest?"
Tiefes Schweigen in der Klasse.
Also versucht es der Lehrer noch einmal: „Stellt euch einen Pfirsich vor. So. Jetzt schneidet ihr ihn in vier Teile. So. Jetzt nehmt ihr ein Viertel weg, dann das zweite, das dritte und zuletzt das vierte Viertel. Kapiert?"
Die Klasse hat es kapiert.
„Also, Maria, was bleibt übrig?"
„Der Kern."

„Kurt ist definitiv der größte Faulpelz in unserer Klasse. Er schreibt wirklich unglaublich schlechte Klassenarbeiten."
„Und warum schreibt er nicht ab?"
„Zu faul."

Chemielehrer: „Welches Metall löst sich nicht auf, wenn man es in einen Topf mit Säure wirft?"
Oskar: „Gold!"
Lehrer: „Richtig! Und warum nicht?"
Oskar: „Weil niemand so blöd ist und Gold in einen Topf mit Säure wirft."

Vater: „Na, hat es in der Schule heute etwas Interessantes gegeben?"
Ria: „Ja. Der Religionslehrer hat uns was über Judas erzählt."
Vater: „Und was hat er berichtet?"
Ria: „Gar nichts Gutes, gar nichts Gutes."

Deutschlehrerin: „Ich gebe euch einen Satz: ‚Der Polizist wurde von einer Kugel getroffen.' Wo ist der Satzgegenstand?"
Frank: „Auf dem Friedhof?"

Heute morgen konnte Elisabeth nicht zur Schule, weil sie Bauchschmerzen hatte. Doch jetzt, am Nachmittag, möchte sie unbedingt schwimmen gehen.
„Das geht doch nicht", sagt die Mutter, „mit deinen Bauchschmerzen!"
„Doch", meint Elisabeth. „Ich kann ja rückenschwimmen."

„Sprichwörter haben meistens einen guten, einen tiefen Sinn", sagt die Lehrerin. „Das gilt auch für die Schule. Zum Beispiel: Was Hänschen nicht lernt, lernt Hans nimmermehr, oder: Was du heute kannst besorgen, das verschiebe nicht auf morgen. Kann mir jemand ein anderes schönes Sprichwort nennen, das auch für die Schule passt?"
Jan zeigt auf und sagt: „Ein Narr fragt mehr, als zehn Weise beantworten können."

Nach der Biologiestunde schüttelt Heinz den Kopf und murmelt: „Wer hätte das wohl gedacht, wer hätte das wohl gedacht ..."
„Was denn?", fragt Rolf.
„Dass Mädchen so wichtig sind!"

Lehrerin: „Der Mond sieht klein aus, ist aber in Wirklichkeit ziemlich groß. Was schätzt ihr, wie viele Länder wie Deutschland hätten auf seiner Oberfläche Platz?"
Erich: „Bei Vollmond oder bei Halbmond?"

> „Wie lässt sich beweisen, dass die Erde rund ist, Moritz?", fragt der Erdkundelehrer. Erdkunde ist ja nun wirklich eine von Moritz' schwachen Seiten, aber heute ist er gut drauf. „Na, ganz einfach, Herr Lehrer", grinst er, „Schauen Sie sich mal Ihre Absätze an – die sind immer auf einer Seite schief getreten!"

- Religionslehrer: „Der gute Hirte kümmert sich um seine Schafe. Er sorgt sich um jedes einzelne und schützt es vor Gefahren. Gott ist für uns Menschen wie ein Hirte."
  Agnes: „Finde ich nicht gut."
  Religionslehrer: „Warum nicht?"
  Agnes: „Weil, wenn die Schafe alt sind, schlachtet sie der Hirte."

- Rieke kommt mit dem Zeugnis nach Hause.
  Der Vater wirft einen Blick darauf und ist vor Freude über die guten Noten ganz aus dem Häuschen.
  „Aber das ist leider gar nicht mein Zeugnis", gesteht Rieke. „Das ist das Zeugnis von Peter."
  „Ach", sagt der Vater. „Und wo hast du deines?"
  „Das habe ich Peter geliehen", sagt Rieke. „Der will damit seinen Vater erschrecken!"

- Dorthe ist siebzehn und heute entsetzlich aufgeregt: Sie darf nämlich eine Solopartie bei der Schulaufführung singen.
Es geht nicht nur alles gut, sondern sie singt einen endlos langen hohen Schlusston. Das Publikum rast vor Begeisterung. Selbst Dorthes Mutter will ihren Ohren nicht trauen und läuft hinter die Bühne, um zu gratulieren.
„So toll hast du das noch nie gesungen", jubelt sie.
„Ist auch kein Wunder", meint Dorthe lakonisch, „mir ist an der Stelle eine Fliege in den Mund gekommen – und ich musste den Ton halten, bis sie wieder draußen war!"

- Während der Klassenarbeit stöhnt Frank plötzlich auf: „Es ist zum Kotzen!"
„Frank", sagt der Lehrer, „geh lieber raus."

> **Über die Schulaufführung schreibt die Zeitung ganz boshaft: „Und was die Harfenspielerin angeht: Oft ist der verzweifelte Kampf des Menschen mit dem Drahtgitter schon um einiges besser dargestellt worden ..."**

Kevin ist vom gestrigen Fernsehabend noch ganz aufgeregt. „Mensch, hast du das auch gesehen?!", fragt er seinen Banknachbarn. „Dieser Vulkanausbruch auf Hawaii – whow!"
Der Nachbar grinst nur müde: „Vulkanausbruch, pah. Da solltest du meinen Vater erleben, wenn der heute Abend mein Zeugnis sieht!"

„Also, Herr Lehrer", flötet die begeisterte Mutter, „seit wir nach Bayern gezogen sind, hab ich mit meinem Klausi überhaupt keine Probleme mehr – er folgt sofort, wenn ich nur in die Hände klatsche!"
„Koa Wunder", knurrt der Dorfschullehrer, „immer wenn der Klausi frech wern will, hau i seim Nachbarn eine nei. Was glauben S', wie gut sich da die Kinder unteranander erziagn dun!"

Allerlei Getier

„Los, Heiner, heute gehen wir in den Tiergarten!",
sagt Holger.

„Geht nicht", sagt Heiner. „Man lässt mich dort nicht mehr rein!"

„Warum denn nicht?"

„Ich habe die Affen gefüttert", sagt Heiner.

„Aber das ist doch kein Grund, jemanden nicht mehr reinzulassen – bloß weil er die Affen gefüttert hat!",
meint Holger.

„Doch", sagt Heiner, „ich habe sie den **Löwen** gefüttert."

Bello und Wuff sind zwei Dorfhunde, die zum ersten Mal in die große Stadt kommen – und wie sie staunen: Alles ist so anders und so riesig und so fremd. Die Stadthunde gehen an der Leine, die Häuser sind so hoch, und man kann kaum über die Straße gehen, ohne überfahren zu werden. Als sie zu einem Parkplatz kommen, starrt Bello die Parkuhr an und sagt: „Also weißt du, das würde ich ja alles aushalten. Aber eins gibt mir den Rest: Dass man in der Stadt fürs Pinkeln auch noch zahlen muss!"

„Warum schlüpfen die Küken aus den Eiern?"
„Damit sie nicht mitgekocht werden."

Ein Mann bewirbt sich als Löwenbändiger beim Zirkus Sarrasossi.

„Tut mir Leid", sagt der Direktor. „Der Posten ist besetzt. Aber schauen Sie doch nächste Woche wieder vorbei."

Auf der Polizeiwachstube klingelt das Telefon. Eine Stimme meldet sich: „Hallo, hallo, in der Schillerstraße wird eine Frau vermisst!"
„Alter?", fragt der Polizist.
„Ungefähr 50 Jahre", sagt die Stimme.
„Kleidung?"
„Grauer Mantel, grüner Hut!"
„Besondere Kennzeichen?", will der Polizist wissen.
„Heult und hat einen Käfig in der Hand", sagt die Stimme.
„Komisch", sagt der Polizist.
„Wer spricht denn da eigentlich?"
„Der Papagei!"

Herr Knolle fährt mit seinem Hund in der Eisenbahn. Kommt der Schaffner und sagt: „Für diesen großen Hund müssen Sie eine volle Fahrkarte kaufen!"
„Na gut", sagt Herr Knolle. „Aber dann kriegt er auch einen Sitzplatz."
„Einverstanden", sagt der Schaffner. „Aber die Füße müssen auf dem Boden bleiben!"

Das Telefon läutet. Der Hund nimmt den Hörer ab und bellt kurz hinein.
„Wer spricht dort?", fragt die Stimme im Hörer.
„Wau", macht der Hund,.
„Wie bitte?"
„Wau: **W** wie Willi, **A** wie Ali, **U** wie Ulli. Wau."

Familie Brösel hat einen Papagei bekommen.
„Na", fragt Frau Knolle, „seid ihr zufrieden?"
„Doch", sagt Frau Brösel. „Unser Papagei ist ein ganz außergewöhnliches Tier. Unser Papagei legt würfelförmige Eier!"
„So etwas!", sagt Frau Knolle erstaunt. „Und – kann er auch sprechen?"
„Nur ein einziges Wort!"
„Und welches?", will Frau Knolle wissen.
„Autsch!"

In der Tierhandlung.

„Ich möchte ein Tier kaufen, das sprechen kann", sagt der Kunde.
„Wie wär's mit einem Papagei?", fragt der Verkäufer.
„Papagei haben wir schon", sagt der Kunde.
„Na, dann vielleicht diesen Specht?"
„Wieso einen Specht?", fragt der Kunde. „Kann denn der sprechen?"
„Das nicht", sagt der Verkäufer. „Aber er kann morsen."

Maus und Elefant spazieren über eine hölzerne Brücke. „Toll", sagt Maus, „wie laut wir trampeln!"

Zwei Mäuse sitzen vor der gläsernen Käseglocke und starren auf ein Stück Emmentaler.
„Armer Teufel", sagt die eine Maus. „Ist ihnen glatt in die Falle gegangen!"

 Zwei Katzen sitzen auf dem Baum gegenüber der Entbindungsstation eines Krankenhauses. Durch das Fenster sehen sie eine Menge neugeborener Babys in ihren Bettchen liegen.
„Ich bin gespannt", sagt die eine Katze zur anderen, „wie viele von den Jungen sie behalten."

„Unsere Kuh ist krank", sagt Bauer Feddersen zu seiner Frau. „Ich glaube, sie hat Darmverschlingung!"
„Unsinn", sagt die Bäuerin.
„Doch", sagt der Bauer. „Komm mit zur Kuh, ich zeig es dir!"
Draußen im Stall guckt der Bauer der Kuh ins Maul und sagt: „So, und du hebst ihr den Schwanz und guckst hinten rein. Und was ist – siehst du mich?"
„Nein", gibt die Bäuerin zu.
„Na also", sagt der Bauer. „Verschlungener Darm."

„Kommst du mit mir auf die Galopprennbahn?", fragt Dackel Waldi seinen Freund Dackel Wuffi.
„Was denn tun?", fragt Wuffi.
„Jockeys angucken", sagt Waldi. „Die haben so schöne krumme Beine!"

Zwei Mäuse gehen auf Elefantenjagd und tatsächlich kriegen sie einen kapitalen Burschen und schleifen ihn in die Küche.
„Sieht lecker aus", sagt die eine Maus. „Aber ein bisschen klein für uns beide. Geh, fang du noch einen. Ich koche inzwischen diesen da!"
Die andere Maus geht wieder auf Elefantenjagd, und nach einer Weile kommt sie mit einem frischen Elefanten zurück. Und jetzt ist der erste Elefant weg.
„Was hast du mit ihm gemacht!", ruft die zweite Maus empört.
„Ich kann nichts dafür!", ruft die erste Maus. „Der Kerl war noch nicht ganz tot und ist abgehauen!"
„Lüg nicht!", ruft die andere Maus. „Du kaust ja noch!"

 Frau Schüble ist empört. „Stell dir vor", sagt sie zu ihrem Mann, „die Frau Riedle hat ihrer Katze eine halbe Million Mark vererbt. Ist das nicht unerhört?"
„Reg dich nicht auf", sagt Herr Riedle. „Das Geld kriegt sie doch gar nicht!"
„Ach, und warum nicht?"
„Der Papagei will das Testament für ungültig erklären lassen."

„Johann", ruft die Baronin von Schreckenstein ganz aufgeregt, „im Westflügel des Schlosses ist eine Maus!"
„Sehr wohl, Gnädigste", sagt Butler Johann. „Ich will sehen, ob die Katze zu Hause ist."

„Nun glaub mir doch endlich, ich bin nicht verheiratet!", sagt der Kranich zu seiner Freundin. „Ich schwöre es dir, dieser Ring da, der ist von der Vogelwarte!"

Zwei Eisbären wandern durch die Wüste.
„Mann!", sagt der eine Eisbär. „Muss das hier kalt sein im Winter!"
„Wie kommst du denn darauf?"
„Na, die haben ja meterdick Sand gestreut!"

Wer sagte: „Springen, nicht pusten?"
Der Dompteur zum Löwen vor dem Feuerreifen.

Elefant und Maus gehen baden. Elefant stürzt sich ins Wasser und schwimmt prustend einige Runden. Da ruft Maus: „Komm sofort raus!"
Elefant hat keine Lust und schwimmt weiter.
„Rauskommen aus dem Wasser!", wiederholt Maus. „Sofort!"
Elefant stapft an Land und fragt: „Und wieso sollte ich rauskommen?"
„Ich finde meine Badehose nicht", sagt Maus.
„Und da wollt ich sehen, ob du sie mir geklaut hast!"

Frau Sperling beklagt sich bitterlich bei ihrer Freundin. „Mit meinem Mann", zwitschert sie, „geht es in letzter Zeit ganz furchtbar schlecht. Er kommt immer spät nach Hause, redet nichts mehr mit mir und kümmert sich nicht mehr um die Jungen."
„So etwas", sagt die Freundin. „Was hat er denn?"
„Ich fürchte", sagt Frau Sperling, „er hat eine Meise."

 Zwei Tausendfüßler stehen im Regen an der Haltestelle und warten auf den Bus. Da fährt ein riesiger, gold lackierter Rolls-Royce vorbei. Im Fond sitzt ein dicker Tausendfüßler, telefoniert und raucht eine dicke Zigarre.
„Meine Güte, der Kerl scheint ja Geld zu haben", sagt der eine Tausendfüßler.
„Hat er, hat er wirklich", seufzt der andere. „Und bloß, weil er den richtigen Beruf hat."
„So, welchen denn?"
„Er ist Sockenfabrikant."

„Ich hab eine Idee, wie wir schön Geld verdienen können", sagt die Kuh zum Kamel. „Wir machen einfach eine Milchbar auf."
„Schön", sagt das Kamel. „Du lieferst die Milch. Und was liefere ich?"
„Das ist doch völlig klar", sagt die Kuh. „Natürlich die Hocker!"

„Papi", ruft die kleine Inge, „was ist eigentlich ein Zaunkönig?"
Der Vater schaut von der Zeitung auf und sagt: „Ach, irgend so ein irrer Fisch."
„Aber Papi", sagt Inge, „im Buch steht, der Zaunkönig baut sein Nest in dichten Hecken!"
„Sag ich doch", brummt Papi. „Völlig irre, dieser Fisch."

 Die Wildgänse rauschen wieder mal im Formationsflug nach Norden. Zum ersten Mal ist dieses Jahr auch eine junge Wildgans dabei und sie meckert dauernd. „Ich möchte bloß wissen", beschwert sie sich bei der Vordergans, „warum wir alle diesem arroganten Idioten an der Spitze nachfliegen!"
„Ganz einfach", sagt die Vordergans. „Der hat die Landkarte."

 Kümmels haben vom Afrikaurlaub einen Hund mitgebracht. Einen dicken gelben Hund mit mächtigen Fangzähnen, gewaltigen Muskeln und bösartigen Augen. Als die Nachbarn auf Besuch kommen, sitzt der dicke gelbe Hund in einer Ecke und verschlingt knurrend ein gewaltiges Stück Fleisch. „Meine Güte", sagt der Nachbar, „der sieht ja wirklich zum Fürchten aus!"
„Ach", sagt Frau Kümmel, „da hätten Sie ihn erst sehen sollen, bevor wir ihm die Mähne abgeschnitten haben!"

Der neue Knecht hat Probleme beim Melken. „Die Kuh, die Rosi", beschwert er sich bitter, „die wedelt beim Melken dauernd mit dem Schwanz. Und mit jedes Mal Wedeln haut sie mir eine Watschen ins Gesicht!"
Der Bauer denkt eine ganze Weile nach. „Ich weiß, was du machen kannst!", sagt er. „Binde der Rosi einfach einen Hammer an den Schwanz!"
„Eine gute Idee!", ruft der Knecht strahlend, holt sich einen Hammer, geht hinaus in den Stall – und kommt eine Minute später zurück. Mit einem blauen Auge.

Zwei Kängurumütter sitzen auf einer Parkbank. Die eine kratzt sich unentwegt am Bauch.
„Was hast du denn da?", fragt die andere. „Was kratzt du dich denn dauernd?"
„Das sind bloß die Krümel", sagt die erste Kängurumutter. „Meine Kleine isst dauernd Zwieback im Bett."

„Mein Pferd ist wirklich ein blödes Vieh", beschwert sich Cowboy Jim. „Stell dir vor, gestern bin ich aus dem Sattel gefallen und habe mir den Knöchel verstaucht. Und was macht mein Pferd? Es rennt los und holt den Doktor!"
„Aber das ist ja echt gescheit!", ruft Cowboy Bill.
„Überhaupt nicht!", sagt Cowboy Jim. „Das Pferd hat den Tierarzt geholt!"

„Jetzt sei endlich still und friss den alten Socken auf!", schimpft die Mottenmutter. „Sonst gibt's nachher keinen Pelzmantel!"

Wer sagte: „Bitte, Mama, ich will keine Schnürschuhe!"
Der kleine Tausendfüßler.

Der Morgen graut und die Fledermäuse schwirren zurück in ihre Höhle, um den Tag schlafend zu verbringen. Sie klammern sich nach Fledermausart mit den Krallen an die Felsen und lassen sich kopfüber herunterhängen. Nur eine einzige Fledermaus baumelt nicht, sondern setzt sich aufrecht hin.
„Hast du die dort in der Ecke gesehen?", fragt eine Fledermaus die andere.
„Klar", sagt die andere. „Das ist Inge. Die macht Yoga."

Die Kuh auf der Weide hebt den Schwanz, und platsch!, lässt sie einen enormen Fladen fallen.
Eine Weile ist es still. Dann krabbelt eine Ameise unter dem Kuhfladen hervor und schreit: „Schweinerei! Genau ins Auge!"

„Mami", fragt der kleine Tintenfisch, „wie viele Arme haben wir Tintenfische eigentlich?"
„Na, lass uns mal zählen", sagt Mami Tintenfisch. „Eins, zwei, drei, vier, fünf, sechs, sieben, acht. Siehst du, wir Tintenfische haben acht Arme."
„Gut", sagt der kleine Tintenfisch, „und wie viele Beine haben wir?"

Die elegante Dame kommt in die Tierhandlung und verlangt einen Futternapf.
„Ich möchte einen Napf, auf dem draufsteht: Nur für den Hund", erklärt sie.
„Wieso denn das?", fragt der Verkäufer. „Kann Ihr Hund denn lesen?"
„Der Hund nicht", sagt die Dame, „aber mein Mann!"

Häschen kommt weinend von der Häschenschule nach Hause.
„Mami, du hast mich die ganze Zeit angelogen!", schluchzt Häschen.
„Aber wie kommst du denn darauf?"
„Kleine Häschen werden gar nicht vom Zauberer aus dem Hut gezogen!", ruft Häschen. „Wir haben gelernt, dass Häschen ganz normal auf die Welt kommen!"

 Wer sagte: „Und jetzt, Kinderchen, husch, husch ins Brettchen"?
Die Holzwurmmutter.

Im Kino. Der Elefant sitzt genau vor der Maus. Nach einer Weile krabbelt die Maus auf den Sitz vor dem Elefanten, guckt sich triumphierend um und sagt:
„Jetzt siehst du es selber, wie das ist, wenn so ein Kerl genau vor einem sitzt!"

 Zwei Schneckinnen wollen ausgehen und machen sich zurecht. Sagt die eine zur anderen:
„Guck mal, Inge, sitzt mein Haus auch richtig?"

Der Tiergarten von Klein-Hinterstadt bekommt einen zweiten, einen neuen Löwen. Und der legt sich gleich mächtig ins Zeug. Er brüllt herum, saust wie ein Wilder durch den Käfig und erschreckt die Besucher so, dass sie sich kaum an das Gehege herantrauen. Am Abend ist er fix und fertig. Endlich kommt der Wärter. Dem alten Löwen bringt er einen riesigen Brocken Fleisch und dem neuen ein Büschel Bananen.
„Frechheit!", beschwert sich der neue Löwe beim alten. „Du liegst hier auf der faulen Haut und kriegst richtig schönes Löwenfutter. Und ich mache hier den wilden Lowen und was ist der Lohn? – Ein Haufen Bananen!"
„Reg dich ab", sagt der alte Löwe. „So ist das halt in einem kleinen Tiergarten. Die können sich nur einen Löwen leisten. Die Planstelle für den Löwen besetze ich."
„Und was ist mit mir?", fragt der junge Löwe.
„Dich", sagt der alte Löwe, „dich führen sie als Affen."

Eine Auster sitzt deprimiert auf der Muschelbank. „Sie sind ja so trübsinnig heute", sagt die Nachbarauster. „Ist was Schlimmes passiert?"
„Kann man wohl sagen", sagt die Auster. „Gestern hatte ich ein Rendezvous mit Herrn Krebs. Er war ja so lieb. So charmant. So zärtlich!"
„Das ist doch schön!", meint die Nachbarin.
„Aber anschließend", schluchzt die Auster, „war meine Perle weg!"

Der Löwe rülpst und würgt und ist schon ganz blass um die Nase. „Verdammt", knurrt er, „mir kommt das Essen immer wieder hoch!"
„Selber schuld", sagt die Löwin. „Ich hab dir doch gleich gesagt, du sollst diesen Fahrstuhlführer nicht fressen!"

„Ich habe ein echtes Problem mit meinem Hund", sagt Herr Zupf zum Tierarzt. „Ich kann machen, was ich will. Mein Bello bleibt alle Augenblicke stehen."
„Wenn das so ist", sagt der Tierarzt, „dann sollten Sie mit ihm zum Uhrmacher gehen."

 Der Hinterhuberbauer hat einen Papagei gekauft, doch der Kerl will einfach nichts sagen. Stundenlang sagt ihm der Bauer vor: „Sag schön ‚Guten Tag, mein Herr und Meister', na los. ‚Guten Tag, mein Herr und Meister'."
Der Papagei schweigt. Der Bauer packt den Papagei beim Kragen und brüllt: „Himmelherrschaftszeiten, sag doch endlich ‚Guten Tag, mein Herr und Meister!' Sonst sperre ich dich in den Hühnerstall!"
Doch der Papagei schweigt und der wütende Bauer sperrt den Papagei tatsächlich in den Hühnerstall. Wenig später dringt aus dem Hühnerstall ein furchtbarer Lärm. Der Bauer stürzt in den Stall. Und er sieht, wie der Papagei den Hahn am Kragen packt und kreischt: „***Himmelherrschaftszeiten***, sag doch endlich ‚Guten Tag, mein Herr und Meister'!"

Tina führt ihren neuen Hund spazieren und trifft ihre Freundin. „Ach, ist der Hund süß", ruft Inge. „Ich hätte auch so gerne einen. Aber meine Eltern sind echt gemein. Die wollen mir einfach keinen Hund schenken!"

„Dann musst du es so anstellen wie ich!", sagt Tina.
„Wie hast du es denn gemacht?"
„Ich habe meine Eltern immer wieder angebettelt, dass ich so gerne ein kleines Schwesterchen haben möchte. Ein Baby wollten sie noch viel weniger und da haben sie mir dann wenigstens einen Hund gekauft."

Neben einem Briefkasten sehen zwei Hunde zu, wie ein Mann Briefe einwirft.
„Ich weiß nicht, wer da wohnt", sagt der eine Hund zum anderen, „aber jedenfalls kriegt er eine Menge Post!"

Urlaub auf dem Bauernhof. Fasziniert sieht sich der kleine Adrian um. „Papi, warum hat diese Kuh keine Hörner?"
„Weil sie ein Pferd ist!"

 Was bekommt man, wenn man einen Tintenfisch mit einer Kuh kreuzt?
Ein Tier, das sich selbst melken kann.

Im Tiergarten. Die kleine Karla starrt den Storch an. Nach einer Weile wirft der Storch den Kopf zurück und klappert. „Mami, Mami", ruft Karla. „Er hat mich wieder erkannt!"

Die Handwerker sind zum Gruberbauern gekommen und wollen das neue Badezimmer verfliesen. „Aber die Hühner", sagt der Meister, „die müssen raus."
„Die stören doch nicht", sagt der Gruberbauer. „Die sind tüchtige Eierleger. Und jetzt dürfen sie mal zuschauen, wie man Fliesen legt."

 „Mama", stöhnt das Kängurubaby verzweifelt, „wann willst du endlich mal etwas gegen deinen Schluckauf tun?"

Im Goldfischglas ist nur noch wenig Wasser – die Lage wird allmählich ernst. „Jetzt sitzen wir ganz schön in der Patsche", sagt Frau Goldfisch zu ihrem Mann, „das kommt von deiner ewigen Sauferei!"

Ottilie ist ganz verrückt nach Katzen. Als sie eines Abends vorm Schlafengehen unter ihrem Fenster ein Miauen hört, miaut sie zurück. Sehen kann sie das Tier zwar nicht, doch es antwortet ihr mit einem selig-sanften „Miau!"
Ottilie miaut wieder und das Kätzchen gibt ihr wieder und wieder Antwort – mindestens zwanzig Minuten lang.
„Hach, ich kann die Katzensprache!", sagt sich Ottilie danach und schläft in dieser Nacht besonders glücklich.
Am nächsten Tag schaut ein Nachbar auf einen Sprung herein und erzählt: „Mir ist gestern etwas Merkwürdiges passiert. Ich habe zum Spaß miau gemacht, und da hat mir doch tatsächlich eine Katze geantwortet! Mindestens zwanzig Minuten haben wir uns miteinander unterhalten."

Nachwuchs bei den Schimpansen. Der Vater guckt sich ganz entsetzt das Baby an.
„Ich weiß", beruhigt ihn die Schimpansenmutter, „am Anfang sehen sie wie Menschen aus. Aber das gibt sich wieder!"

 Zwei Holzwürmer treffen sich im Käse. Sagt der eine Holzwurm zum anderen: „Na, auch vom Zahnarzt empfohlen?"

Rotkäppchen wandert durch den tiefen Wald, um Großmutter zu besuchen. Da hört sie hinter dem Busch ein komisches Geräusch. Ahnungslos kommt sie näher. Jetzt schiebt sie die Zweige zur Seite, da glühen gelbe Augen im Busch auf und zornig ruft der Wolf:
„Guck weg, ich muss mal!"

> *Die Regenwürmer haben großen Silvesterball. „Wie sich Hans-Günther nur in dieses Stück Gartenschlauch verknallen konnte!", empört sich Petra Würmlin.*
> *„Hast völlig Recht", stimmt Elma Erdbohrer zu, „die Alte ist doch völlig hohl ..."*

Das Pferd und der Esel fahren mit dem Auto in Urlaub – das Pferd darf steuern. Kurz hinter der italienischen Grenze passt es einmal nicht auf.
Fast baut es einen Unfall – doch alles geht noch mal gut. Da schüttelt der Esel den Kopf und sagt zum Pferd: „Na, du bist mir vielleicht ein Esel!"

Die schwere Operation an dem Nilpferd ist gelungen.
„Diesmal haben wir aber bestimmt keine Instrumente im Patienten liegen gelassen", stellt der vergessliche Tierarzt zufrieden fest.
„Nicht wahr, Herr Direktor?"
Plötzlich wird er nervös. „Wo ist denn der Herr Direktor?"

Irma wohnt im Schülerheim und hat einen Papagei bekommen. Gemeinsam mit ihren Freundinnen versucht sie, dem Vogel das Sprechen beizubringen. Immer wieder sprechen sie dem Papagei den Satz vor: „Komm, gib Küsschen. Komm, gib Küsschen!" Der Papagei schweigt. Da klopft es an der Tür und ein Zettel wandert durch den Spalt. Darauf steht: „Keine Ahnung, wen ihr da im Zimmer habt. Aber glaubt mir: Der Typ ist es nicht wert!"

Witzig, aber wahr

Das unfähigste Orchester der Welt

kommt aus der englischen Stadt Portsmouth. „Wenn wir schon schlecht spielen, dann so schlecht, dass es wieder Spaß macht!", dachten sich die Musiker, fast lauter Anfänger. Und dann ging's los. Die Musiker nahmen sich die wichtigsten klassischen Orchesterwerke vor. Der Dirigent hatte nur eine einzige Aufgabe: Am Beginn des Stücks hob er den Stock, um anzuzeigen, wann es losging. Sobald er das Gefühl hatte, das Werk sei jetzt zu Ende, senkte er den Taktstock und die Musikanten hörten auf.

Erstaunlicherweise waren diese Bemühungen recht erfolgreich. Das Publikum konnte von den haarsträubenden Aufführungen gar nicht genug bekommen und die Musiker aus Portsmouth nahmen sogar zwei Langspielplatten auf. Der berühmte Dirigent Leonard Bernstein, der sich die tapferen Musikanten einmal angehört hatte, sagte anschließend: „Diese Leute haben meine ganze Auffassung von Musik verändert."

Den unglücklichsten Werbespot

drehte eine Lebensmittelfirma. Als sie einen Werbespot für ihr neues Müsli aufnehmen wollte, engagierte sie dazu die bekannte englische Schauspielerin Pat Coombs. Sie sollte das Produkt in ein, zwei Sätzen anpreisen; doch daraus wurde nichts. Die Schauspielerin vergaß ihren Text. Sie vergaß ihn nicht einmal und nicht zweimal. Es gab insgesamt 28 Versuche, den Spot zu drehen. Doch Pat Coombs konnte sich den Namen des Müslis einfach nicht merken. Die Firma gab schließlich auf. Der Fernsehspot wurde nie zu Ende gedreht und das Müsli kam nie auf den Markt. Jahre später sagte die Schauspielerin: „Ich weiß noch immer nicht, wie das Ding wirklich hieß. Der Name war praktisch unaussprechlich. Ich werde nie mehr in meinem Leben Müsli essen!" – Und wir werden nie mehr erfahren, wie dieses Müsli hieß.

Die schlimmste Pleite auf dem Theater

erlitt 1983 eine Berliner Theatertruppe, die „Freie Theateranstalt" bei den Theaterfestspielen im schottischen Edinburgh. Die Schauspieler hatten kein Schwein, das Stück musste nach einer Viertelstunde abgebrochen werden und die Zuschauer bekamen ihr Geld zurück. Und das kam so: Die deutsche Truppe wollte das Stück „König Ubu" in einer sehr außergewöhnlichen Inszenierung aufführen. Die schottischen Theaterfreunde lasen auf den Plakaten, dass die Berliner ein Schwein, mehrere Kakadus und Papageien auf die Bühne bringen und eine „visuelle Sinfonie und bedrohliche Stille" erzeugen wollten. Die Besucher kamen in Scharen. Doch es gab ein Problem. Nach England dürfen keine lebenden Tiere eingeführt werden. Auf Kakadus und Papageien hätte man verzichten können, nicht aber auf das Schwein. Das Schwein nämlich sollte die Rolle der Frau von König Ubu spielen. Also mussten sich die Berliner Schauspieler für die Aufführung ein schottisches Schwein ausborgen. Und dieses Leihschwein versaute die Aufführung. Es grunzte die ganze Zeit derart laut auf der Bühne, dass die Schauspieler nicht zu ihrem Text kamen. Nach einer Viertelstunde gaben sie auf.

Der erfolgloseste Liedermacher

ist zweifellos der Engländer Geoffrey O'Neill. Zwar hat er über 500 Songs und drei Musicals komponiert, doch noch nie wurde eines seiner Werke aufgenommen oder irgendwo aufgeführt. Das macht ihm offensichtlich nichts aus. „Irgendwann schaffe ich den Durchbruch", sagt er. Und bis es so weit ist, hält er erfolgreiche Vorträge zum Thema „Erfolglose Komponisten".

Der unmusikalischste Musikfilm

ist „Meine Lieder, meine Träume" in seiner koreanischen Fassung. Der Film (mit Julie Andrews in der Hauptrolle) zählt zu den erfolgreichsten Filmen aller Zeiten. Er erzählt die Geschichte einer österreichischen Familie, die während der Nazizeit nach Amerika emigrierte und mit alpenländischen Liedern erfolgreich wurde. Und natürlich besteht der Film hauptsächlich aus Musiknummern. Der Film lief in aller Welt. Den koreanischen Kinos erschien er jedoch einfach zu lang. Man wollte ihn kürzen – und schnitt einfach alle Lieder heraus. Den englischen Titel *„Sound of Music"* (Klang der Musik) änderte man allerdings nicht. Ohne Lieder und ohne Musik spielte der Film trotzdem vor vollen Kinos in ganz Korea.

Den merkwürdigsten Wetterbericht

lasen die Leser der Zeitung Arab News im Januar 1979. Er lautete: „Wir bedauern, dass der Wetterbericht heute ausfallen muss. Wir erhalten unsere Meldungen von der Wetterdienststelle auf dem Flughafen von Jeddah, die jedoch infolge schlechten Wetters geschlossen ist. Ob wir morgen wieder einen Wetterbericht liefern können, hängt ganz vom Wetter ab."

Der langweiligste Professor

heißt Dr. Frank Oliver. Er ist der erste Professor, der zweimal hintereinander den Preis für die langweiligste Vorlesung an einer englischen Universität erhalten hat. Seine Vorlesung im Jahr 1988 hatte den Titel „Koeffiziente Korrelationen im Zusammenhang der Validität zweier Variabler zwischen minus und plus eins". Ein Jahr später wählten die Studenten wiederum Professor Oliver zum langweiligsten Professor. Er hatte genau dieselbe Vorlesung noch einmal gehalten.

Der zäheste Artist

ist Janos, der Unglaubliche Gummimensch. Seine Spezialität ist es, sich von Helfern mit den Beinen hinter dem Kopf so verknoten zu lassen, dass niemand glauben kann, er würde jemals wieder auf die Beine kommen. Dieses Kunststück gelingt immer – fast immer. An einem unheilvollen Abend im August 1978 ließ sich der ungarische Artist in verknotetem Zustand in die Manege tragen. Niemand glaubte, er werde sich jemals wieder rauswinden können. Und das Publikum hatte Recht. Janos blieb einfach liegen. „Ich konnte mich plötzlich nicht mehr rühren", sagte der Gummimensch später. Er wurde in einem Lieferwagen in ein Krankenhaus gebracht und unter ärztlicher Aufsicht vorsichtig entknotet.

Die unverkäuflichste Ansichtskarte

gab es im Victoria Albert Museum in London zu kaufen. Zu den ungewöhnlichsten Ausstellungsstücken des Museums zählt ein 600 Jahre alter tibetischer Wassereimer. „Warum also nicht Ansichtskarten davon drucken lassen?", sagte sich der Direktor und ließ 5 000 hübsche Ansichtskarten mit dem Eimermotiv drucken, um sie im Kiosk des Museums an Besucher zu verkaufen. 24 Jahre später ließ der neue Direktor im Magazin nachzählen. Das deprimierende Ergebnis: Ganze vier von 5 000 Karten waren verkauft worden.

Die entsetzlichsten musikalischen Fehlurteile

gaben Experten der Schallplattenfirma Decca ab. Im Jahr 1962 bewarben sich die Beatles um einen Schallplattenvertrag – ohne Erfolg. „Wir mögen diesen Sound nicht", erklärten die Fachleute. „Bands mit Gitarren haben keine Zukunft!" – Übrigens war es selbst Wolfgang Amadeus Mozart nicht viel besser gegangen, als seine Oper „Die Hochzeit des Figaro" erstmals aufgeführt wurde. „Viel zu laut", sagte Kaiser Ferdinand, „und viel zu viele Noten."

Der schlechteste Spion,

den die Sowjetunion jemals eingesetzt hat, lieferte sein Meisterstück im Jahr 1967. Damals brach der für die Sowjetunion arbeitende Spion (namens R. E. Bruyeker) in die Nato-Marinebasis in Agnano (Italien) ein. Es gelang ihm, eine Schachtel mit streng geheimen Dokumenten zu entwenden. Unglücklicherweise vergaß der Spion seine Aktentasche. Sie enthielt nicht nur einen Hammer (zum Einschlagen von

Glasscheiben) und eine Bibel, sondern auch Pass, Führerschein und andere persönliche Dokumente, darunter auch seine Adresse. Wenig später saß der Spion hinter Gittern.

Die erfolglosesten Dinosaurier-Forscher

gruben 1930 in der Nähe von Teheran im Iran Fossilien aus, die sie als Rippen und Wirbelsäule eines seltenen Dinosauriers identifizierten. Die Fachwelt stand Kopf. Aus Madrid reiste ein Team von weiteren Paläontologen an, um die aufregende Sache näher zu untersuchen. Das Ergebnis war allerdings niederschmetternd. Die Fundstücke stellten sich als Überreste einer Heuwendemaschine heraus, die bei einem Erdrutsch verschüttet worden war.

Der merkwürdigste Schlüsselloch-Enteiser

war möglicherweise ein Engländer namens Peter Rowlands. Als er in bitterer Kälte seine vereiste Haustür nicht aufsperren konnte, erinnerte er sich, dass Warmluft eine zugefrorene Windschutzscheibe auftauen konnte. Also, dachte er, müsse man mit warmer Atemluft ein vereistes Schlüsselloch auftauen können. Gesagt, getan. Er kniete nieder und blies Luft ins Schlüsselloch. Unglücklicherweise froren dabei seine Lippen an. Und unglücklicherweise war er in diesem Zustand nicht in der Lage, Passanten seine Lage zu schildern und zu erklären, was er da tat. Alles, was er herausbrachte, war ein ersticktes Gemurmel. „Ich kam mir wie der größte Idiot vor", erzählte er später. „Aber nach zwanzig Minuten Schlüsselloch-Atmen war das Eis getaut und meine Lippen waren wieder frei."

Der teuerste Rechenfehler

passierte einem Techniker, der im Jahr 1962 die Mariner-I-Raumsonde programmierte. Das unbemannte Raumfahrzeug sollte am 28. Juli Richtung Venus fliegen. Alles war bestens berechnet: Beschleunigung, Anfangsgeschwindigkeit, Zeitpunkt des Ausfahrens der Solarzellen im Weltraum, 80 Tage Raumflug, dann die computergesteuerte Kurskorrektur und schließlich 100 Tage Rundflug um den Planeten. Was aber wirklich geschah, war dies: Vier Minuten nach dem Start plumpste die Raumsonde ins Meer. Der Grund: Der Programmierer hatte vergessen, einer der vielen tausend Zahlen ein Minuszeichen voranzustellen. Der Schaden wurde später auf (nach heutigem Wert) etwa 150 Millionen Euro geschätzt.

Der erfolgloseste Erfinder

war möglicherweise der Engländer Arthur Paul Pedrick, der unter anderem ein Fahrrad erfand, mit dem man auch unter Wasser fahren konnte. Ein weiterer Glanzpunkt seiner Tätigkeit war die Erfindung einer Vorrichtung, mit deren Hilfe man ein Auto vom Rücksitz aus lenken konnte. Insgesamt meldete er 162 Erfindungen zum Patent an; keine einzige wurde verwirklicht. Am erfolgversprechendsten war da noch die Idee, einen Golfball zu konstruieren, den man im Flug fernsteuern konnte. Besonders die schlechteren Golfspieler waren von der Idee begeistert. Doch die Spielregeln sprachen eine klare Sprache und auch der ferngesteuerte Golfball kam nie auf den Markt.

Der unglücklichste Fahrschulprüfling

war ein Fahrschüler, der 1981 in England antreten wollte. Der Fahrlehrer war nicht gleich zu finden. Also sah sich der Prüfling suchend auf dem menschenleeren Parkplatz um, ging zu einem Auto und hupte einmal. Der Prüfer kam herangeschlendert und erklärte dem Prüfling, dass es verboten sei, die Hupe eines stehenden Autos ohne Not zu betätigen. Durchgefallen! Nur ein klein wenig länger dauerte die Fahrprüfung für eine Amerikanerin aus Auburn in Kalifornien. Sie ließ den Motor an. So weit, so gut. Dann machte sie einen Fehler. Anstatt zu kuppeln, trat sie versehentlich auf das Gaspedal. Der Wagen durchbrach die Wand der Garage und schoss auf die Straße. Die Prüfung hatte exakt eine Sekunde lang gedauert.

Die denkwürdigste Ballonfahrt

unternahm der Flugpionier Charles Green im Jahr 1823 in England. Vielleicht war es ein Versehen gewesen. Vielleicht hatte ihm jemand einen Streich gespielt. Jedenfalls war der Korb nicht am Ballon befestigt und als Green den Brenner seines Heißluftballons zündete, erhob sich der Ballon majestätisch in die Luft – und ließ den Korb zurück. Verzweifelt griff der kühne Flieger in die Seile des Ballons, um ihn festzuhalten. Natürlich vergebens. Und er stieg mit auf und stieg mit auf – bis er zu hoch in der Luft war, um abzuspringen. Wohl oder übel schwebte Charles Green, verzweifelt am Ballon festgekrallt, minutenlang hoch über der Landschaft, bis sich der Ballon langsam wieder senkte.

Der erfolgloseste Wettbewerb „Sicher am Steuer"

fand 1987 in Frankreich statt. Die Verkehrspolizei wollte jene Autofahrer auszeichnen, die sich im Straßenverkehr vorbildlich verhielten. Tagelang wurde der Verkehr von Polizisten in Zivilfahrzeugen beobachtet – erfolglos. Nach einigen Tagen vergeblicher Suche nach einem vorbildlichen Fahrer wurden die Anforderungen gesenkt. Nun ging es bloß darum, einen Autofahrer zu finden, der sich an die Verkehrsregeln hielt. Auch dies erwies sich als schwierig. Denn als die Polizei endlich einen Fahrer anhalten wollte, der einen vernünftigen Eindruck gemacht hatte, raste der einfach davon. Ein zweiter Kandidat für „Sicher am Steuer" überfuhr vor Schreck eine rote Ampel. Schließlich zeichnete man, völlig entnervt, den erstbesten Fahrer aus, der sich am Steuer wenigstens angegurtet hatte.

Das unbeliebteste Auto der Welt

war offensichtlich ein Ford vom Typ Edsel. Nur ein einziges Exemplar dieses im Jahr 1957 in den USA gebauten Straßenkreuzers wurde jemals gestohlen. Auch der Dieb hatte wahrscheinlich keine Freude mit seinem Gefährt. Ford Edsels zeichneten sich durch folgende typische Mängel aus: Die Türen ließen sich schwer schließen, der Kofferraumdeckel klemmte, die Bremsen neigten zum Versagen, die Batterie fiel ständig zusammen, der Lack blätterte ab, der Keilriemen riss immer wieder und die Bedienungsknöpfe gingen so schwer, dass sie nur Leute mit starkem Daumen drücken konnten. Dazu kam, dass der Straßenkreuzer unglaublich viel Benzin verbrauchte – in einer Zeit, in der die Käufer zunehmend auf die Verbrauchswerte achteten. Der Ford Edsel verschwand sang- und klanglos vom Markt.

Die unglücklichsten Feuerwehrleute

stammen aus Irland. Kurz vor Weihnachten 1984 brannte das Feuerwehrhaus der Stadt Arklow völlig aus und die armen Feuerwehrleute konnten nicht viel mehr tun als zugucken. Denn ihre gesamte Ausrüstung befand sich im brennenden Gebäude. Es war dies das zweite Mal innerhalb weniger Jahre, dass die Feuerwehrstation völlig ausbrannte.

Das fluguntüchtigste Flugzeug

unternahm seinen ersten und einzigen Flug im Jahr 1921 in Italien auf dem Lago Maggiore. Die private CA 90 des Grafen Caproni war ein Flugboot mit acht Motoren und neun Flügeln – also ein Neundecker. Augenzeugen beschrieben es als „überaus merkwürdiges geflügeltes Hausboot, nicht ganz unähnlich einem Schlachtschiff des 17. Jahrhunderts". Kaum jemand konnte sich vorstellen, dass sich das Ungetüm würde vom See aus in die Luft erheben können. Dazu kam noch, dass Graf Caproni als Eigentümer der CA 90 angeordnet hatte, fünf Tonnen Ballast mit aufzunehmen. Zum allseitigen Erstaunen hob das Flugzeug kurz und steil von der Wasseroberfläche ab. Der Pilot drückte die Flugzeugnase etwas nach unten, was zur Folge hatte, dass der Ballast nach vorne rutschte. Die stolze CA 90 kippte nach vorne und plumpste in das Wasser.

Der erfolgloseste Luftpirat

versuchte 1976 ein Flugzeug auf einem amerikanischen Inlandsflug zu kapern. Er zog die Pistole, nahm eine Stewardess als Geisel und herrschte sie an: „Fliegen Sie nach Detroit!" – „Wir fliegen ohnehin nach Detroit!", sagte die Stewardess. – „Dann ist es ja gut", sagte der Luftpirat, ließ seine Geisel frei, steckte die Pistole weg und nahm wieder Platz.

Den unfreiwilligsten Spaziergang

unternahm ein englisches Ehepaar im Mai 1987 in der französischen Stadt Boulogne. Boulogne liegt am Ärmelkanal direkt gegenüber der englischen Küste. Michael und Lilian Long waren mit der Fähre von England nach Frankreich gefahren, nur um in Boulogne einen Spaziergang rund um den Hafen zu machen und dann wieder nach Hause zu fahren. Unglücklicherweise verliefen sie sich. Das Paar wanderte die Nacht durch und fand sich am Morgen in einem Dorf mit Bahnhof wieder. Mister und Misses Long stiegen in den Zug und landeten irrtümlicherweise in Paris. Auch dort scheiterte ihr Versuch, einen Zug nach Boulogne zu bekommen. Stattdessen hielt ihr Zug um Mitternacht in Luxemburg. Die Polizei versuchte den übermüdeten Engländern zu helfen und setzte sie in einen Zug zurück nach Paris. Der Zug teilte sich jedoch und der Waggon mit den unglücklichen Engländern endete in Basel. Ohne Geld und ohne Ahnung, wo sie gelandet waren, versuchten Michael und Lilian Long Arbeit zu finden – erfolglos. Sie wurden aufgegriffen und von einem Eisenbahnbeamten persönlich bis nach England begleitet.

„Das war unser erster Aufenthalt im Ausland", sagten die beiden „Spaziergänger" nach ihrer viertägigen Reise den wartenden Reportern, „und sicher unser letzter!"

Die schlechtesten Songtitel

in englischer Sprache hat der amerikanische Rundfunkjournalist Dr. Demento gesammelt. Die Lieder selbst mögen ganz gut sein, aber die Titel klingen wirklich grässlich. Hier die wirklich schlechtesten:

„Mama get your hammer, there's a fly on babys head" (Mama, hol den Hammer, eine Fliege sitzt auf dem Kopf des Babys);

„When there are tears in the eyes of a potatoe" (Wenn die Augen einer Kartoffel voller Tränen sind);

„I like bananas because they have no bones" (Ich mag Bananen, weil sie keine Gräten haben);

„I've got tears in my ears from lying on my back while I cry over you" (Ich hab vom Liegen auf dem Rücken Tränen in den Ohren, während ich über dich weine);

„Jesus loves me, but he can't stand you" (Jesus liebt mich, aber dich kann er nicht ausstehen).

Der unglücklichste Boxer

heißt Daniel Caruso. Im Januar 1992 schlug er sich kurz vor einem Kampf persönlich k. o. Das kam so: Der Boxer hatte die Angewohnheit, sich vor jedem Kampf mit leichten Schlägen ins eigene Gesicht auf den Kampf vorzubereiten. Auf diese Art machte er sich unempfindlich gegen Schläge, die er während des Kampfes würde einstecken müssen. Das funktionierte immer ganz gut – bis zu jenem denkwürdigen Kampf in New York. Da schlug er nämlich versehentlich zu hart zu und brach sich Minuten vorher selbst die Nase. Der Ringarzt sagte den Kampf ab.

Das glücklichste Opfer eines Raubüberfalls

war der Amerikaner Angel Santana. Drei Männer überfielen im Jahr 1990 einen Laden, in dem Santana arbeitete, und sie versuchten, ihr Opfer zu erschießen. Dreimal feuerten sie auf Santana, dreimal trafen sie, doch der Mann blieb stehen. Die Räuber verloren die Nerven und ergriffen die Flucht. Dabei war Angel Santana alles andere als ein unverwundbarer Supermann. Er trug lediglich einen Overall mit starkem Reißverschluss. Und alle drei Kugeln waren im großen Zipper des Reißverschlusses stecken geblieben.

Der ungewöhnlichste Unfallfahrer

war ein Deutscher Schäferhund, der im amerikanischen Bundesstaat Illinois einen Fernlaster in Bewegung setzte und dabei einen PKW rammte. Herrchen hatte den Truck mit laufendem Motor kurz abgestellt; Hund sprang in der Kabine umher und legte dabei den ersten Gang ein. Der Truck schob sich die Straße entlang und rammte ein Kleinauto. Die Fahrerin des Autos erlitt einen doppelten Schock: zuerst, als der riesige Laster das Heck ihres Autos eindrückte, und dann, als im Führerhaus des Trucks kein Fahrer zu finden war. Der arme Hund hatte sich vor Schreck in einer Ecke der Kabine verdrückt. Zum Glück hatte er nicht auch noch Gas gegeben!

Der verkohlteste Autofahrer
war ein Amerikaner, der sein Fahrzeug aus einer Zwangslage befreien wollte. Er hatte das Fahrzeug auf einer abschüssigen Straße abgestellt. Als er zurückkam, stand hinter ihm ein anderes Auto und dicht vor ihm ein mit Kohlen beladener LKW. Der Fahrer des LKW war nicht zu sehen und da kam der eingeklemmte Autofahrer auf die Idee, die Handbremse des Lastwagens zu lösen und den Kohlelaster ein Stück weit vorwärts rollen zu lassen. Gesagt, getan: Er kletterte ins Führerhaus und löste einen Hebel, den er für die Handbremse hielt. Unglücklicherweise handelte es sich um den Hebel für den Kipper. Die Ladefläche hob sich unaufhaltsam und das arme kleine Auto verschwand unter fünf Tonnen Kohlen.

Die merkwürdigste Darmkrankheit
zog sich der Pekinger Arbeiter Xu Denghai am 26. Februar 1992 zu. Der Mann wurde mit einer ernsten Darmverschlingung in ein Krankenhaus eingeliefert, nachdem er stundenlang mit einem Hula-Hoop-Reifen geübt hatte. Er war nicht der einzige Chinese, dessen Eingeweide unter den Verrenkungen beim Hula-Hoop-Spiel gelitten hatten. Die Pekinger Abendzeitung veröffentlichte eine Warnung vor übertriebenem Ehrgeiz. Vor allem solle man die Reifen nicht nach dem Essen kreisen lassen.

Der möhrensüchtigste Patient
war ein ehemaliger Raucher, der das Zigarettenrauchen aufgegeben hatte und stattdessen nun Karotten verzehrte. Der

Mann, ein 40-jähriger Tscheche, verspeiste täglich nicht nur vier Kilogramm Möhren, sondern konnte auch an nichts anderes mehr denken als ans Möhrenessen. Als ihm der Psychiater die Möhrenration kürzen wollte, zeigte der suchtkranke Karottenfreund ähnliche Entzugserscheinungen wie Raucher, die das Rauchen aufgeben müssen.
Die Fachzeitschrift für Suchtkrankheiten berichtete im Jahr 1992 über zwei weitere sonderbare Fälle von Karottensucht.

Den sonderbarsten und teuersten Appetit
hat ein englischer Obdachloser namens Allison Johnson. Er isst am liebsten Silberbesteck. Insgesamt musste er dreißig Mal operiert werden, um Gabeln und Löffel aus seinem Magen zu entfernen. Immer wieder wurde er wegen Diebstahls verhaftet und wanderte ins Gefängnis. Polizei und Ärzte sind ratlos: Sobald Mister Johnson entlassen wird, pflegt er in das nächste bessere Restaurant zu gehen und frisches Silberbesteck zu verschlucken. Sein Anwalt sagt: „Mein Mandant kann nichts dafür. Er handelt unter Zwang. Es schmeckt ihm nämlich gar nicht und er hat auch größte Verdauungsbeschwerden."

Der mächtigste Stotterer
war der englische König Charles I. Als er 1623 den Thron bestieg, hielt er eine Ansprache vor dem Parlament. Sie fiel sehr kurz aus und lautete: „Ich kann keine Ansprache halten." Dann setzte er sich auf den Thron.

Der eingebildetste Schlaflose

war der berühmte amerikanische Schriftsteller Mark Twain, Schöpfer so berühmter Figuren wie Tom Sawyer und Huckleberry Finn. Besonders schlecht schlief Mark Twain, wenn die Schlafzimmerfenster geschlossen waren. Einmal übernachtete er im Haus eines Freundes und konnte kein Auge zutun. Verzweifelt griff er nach einem Polster und warf es in Richtung des geschlossenen Fensters. Er hörte Glas splittern und genoss das, was er als „frischen Luftzug" empfand. Dann schlief er glücklich ein. Am Morgen entdeckte er, dass er keineswegs das Fenster zerbrochen hatte, sondern das Glas eines Bücherschranks. Die „Frischluft" war bloße Einbildung – aber sie half!

Der unglücklichste Produktname

für ein neues Auto war der Chevrolet „Nova". Das Auto verkaufte sich im spanischsprachigen Südamerika ungeheuer schlecht – kein Wunder: „Nova" (oder no va) heißt auf Spanisch „Geht nicht". Der Autotyp wurde für diesen Markt in „Caribe" umgetauft.

Das gotteslästerlichste Autoreifenprofil

hatten die Reifen einer japanischen Firma. Gottesfürchtige Araber konnten im Profil die arabischen Schriftzeichen für Allah herauslesen und fühlten sich in ihren religiösen Gefühlen beleidigt. Die japanischen Manager konnten noch so sehr beteuern, dass das Reifenprofil überhaupt nichts bedeuten sollte – sie mussten ihre Reifen wieder zurücknehmen und neue Reifen mit anderem Profil liefern.

Den schärfsten Haarschnitt

außerhalb des Militärs tragen die Angestellten des Vergnügungsparks „Eurodisney" in der Nähe von Paris. Männliche Mitarbeiter müssen sich verpflichten, regelmäßig zum Frisör zu gehen. Wer längere Haare trägt, die über den Hemdkragen oder über die Ohren reichen, wird gefeuert. Verboten sind außerdem Bärte und Schnurrbärte. Die Geschäftsführung begründet diese lächerliche Anordnung damit, dass sich Besucher von bärtigen oder langhaarigen Mitarbeitern belästigt fühlen würden.

Das leichteste Bett

ist nichts anderes als ein heliumgefüllter Ballon in Form einer Luftmatratze. Sobald niemand drauf liegt, schwebt es an die Zimmerdecke hoch. Zur Schlafenszeit zieht man es an einer Schnur zu Boden. Nach Ansicht des Erfinders William A. Calderwood (USA) ist es besonders gut geeignet für Kleinwohnungen.

Am wenigsten Angst vor üblem Mundgeruch

muss haben, wer den vom Japaner Katurmori Nakamura erfundenen Mundgeruchwarner benutzt. Das Gerät analysiert ständig den Atem des Trägers und reagiert auf die chemischen Substanzen, die üblen Geruch ausmachen. Dann pfeift der Geruchsmelder. Der Erfinder hält das für eine tolle Idee. Schließlich weiß man selbst nie, ob man aus dem Mund riecht. Das merken immer nur die anderen …

Den dümmsten Lehrer

hatte der später so berühmte Erfinder Thomas Alva Edison. Der kleine Thomas war gerade mal drei Monate zur Schule gegangen, als der Lehrer seinen Schüler als „Wirrkopf" beschimpfte. Thomas war so empört, dass er nach Hause ging – und sich weigerte, jemals wieder eine Schule zu betreten. Seine Mutter hatte nichts dagegen; sie übernahm den Unterricht und schon ein Jahr später – im Alter von neun Jahren – las das kleine Genie bereits dicke Schmöker wie „David Copperfield" von Charles Dickens und die Theaterstücke von Shakespeare. Grundkenntnisse in den Naturwissenschaften brachte sich Thomas selbst bei. Später wurde er zum erfolgreichsten Erfinder aller Zeiten. Ihm verdanken wir Dinge wie die elektrische Glühbirne und den Vorläufer des Plattenspielers.

Die auffälligste Beute eines Diebeszuges

war eine sieben Meter hohe, aufblasbare Gummiente. Sie stand vor einem neuen Restaurant in Sherman Oaks (Kalifornien) und warb um Gäste – doch nur zwei Wochen lang. Dann war sie verschwunden. „Wir verstehen das nicht", sagte die Polizei. „Nachbarn würden doch sofort bemerken, wenn jemand eine 7-Meter-Gummiente in seinem Garten aufstellt!"

Die lautstärksten Diebe

waren in einer Oktobernacht des Jahres 1990 in einer kalifornischen Stadt unterwegs. Das kam so: Eine Firma übersiedelte, doch der Safe war zu schwer. Man stellte ihn über

Nacht vor dem Haus ab; am nächsten Morgen sollte ein Kranwagen kommen. Zwei nicht sehr helle Burschen erlagen der Versuchung: Sie banden den drei Tonnen schweren Safe an einen Lastwagen und schleiften ihn nach Hause, um ihn dort in aller Ruhe aufbrechen zu können.

Natürlich war die Polizei schneller. Das nächtliche Rumpeln und Knirschen des Stahlsafes hatte sämtliche Nachbarn geweckt. Außerdem hatte der Stahl tiefe Rinnen in den Asphalt gerissen. Die Spuren, die von den Dieben hinterlassen wurden, waren tatsächlich mit Händen zu greifen. Der Safe war übrigens leer gewesen.

Allerhand Anschläge

Eine Zeitung veranstaltet ein Preisausschreiben. Die Preisfrage lautet: „Angenommen, Sie betrachten im Pariser Louvre die unzähligen Werke alter Meister. Plötzlich bricht ein Brand aus. Welches Bild würden Sie retten?"
Die Antwort des Gewinners lautet: „Das Bild, das am nächsten beim Ausgang hängt."

Eine Schnapsfirma braucht ein neues Etikett. Ein Brief geht an alle Graphiker und Zeichner. Darin steht:
„Wir veranstalten einen Wettbewerb zur Gestaltung unserer neuen Etiketten und dürfen Sie herzlich einladen, mit einigen Entwürfen am Wettbewerb teilzunehmen. Der Sieger wird mit 15 000 Euro prämiert. Bitte haben Sie Verständnis dafür, dass wir die nicht preisgekrönten Einsendungen nicht zurückschicken können."
Ein bekannter Graphiker schreibt folgenden Brief zurück:
„Ich veranstalte einen Wettbewerb, um den besten Schnaps zu ermitteln, und darf Sie herzlich einladen, mit einigen Flaschen am Wettbewerb teilzunehmen. Bitte haben Sie Verständnis dafür, dass ich die nicht preisgekrönten Schnäpse auf keinen Fall zurückschicken kann."

Spruch in der U-Bahn:
„Lieber arm dran als Bein ab."

Am schwarzen Brett der Firma Meier und Co. hängt folgender Anschlag:

„Irgendein mieser Kerl hat mir meinen Hut geklaut. Ich fordere ihn auf, den Hut sofort zurückzuhängen. Der Bestohlene."

Am nächsten Morgen hängt ein anderer Zettel daneben:

„Ich habe Ihren Hut zur Altkleidersammlung gegeben, weil ich mich keinen miesen Kerl nennen lasse. Der Dieb."

Zeitungsanzeige, 7. April: „Zoohandlung Müller, neun weiße Mäuse günstig abzugeben."

13. April: „Zoohandlung Müller, 23 weiße Mäuse billig abzugeben."

15. Mai: „Zoohandlung Müller, weiße Mäuse an Selbstabholer gratis abzugeben, solang der Vorrat reicht."

Lautsprecherdurchsage im Tiergarten:
„Die kleine Maria hat ihre Eltern verloren. Ich wiederhole: Die kleine Maria hat ihre Eltern verloren. Sie können das Kind im Kleinsäugerhaus abholen."

Schild am Tor des Finanzamtes:
„Durchfahrtsbreite 2,50 Meter. Für breitere Fahrzeuge ist die Durchfahrt verboten."

Die Kriminalpolizei rät den Eltern: „Lassen Sie sich über die Gefahren von Drogen aufklären. Suchen Sie das Gespräch mit Ihrem Kind."

→ Spruch an der U-Bahn:
„Wer früher stirbt, ist länger tot."

→ *Zeitungsinserat:* „Steinzeitlichen Tontopf aus Altersgründen billig abzugeben."

Zeitungsinserat: „Verkaufe gebrauchten Grabstein. Passend für den Namen Hans-Werner Müller."

Schild vor dem Kundenparkplatz: „Nur für Kunden. Parkdauer eine Stunde. Wenn Sie den Parkplatz verlassen, nehmen Sie bitte Ihr Auto mit."

→ Karin bekommt einen Brief von ihrem Freund aus England. Auf dem Umschlag steht in Mutters Handschrift:
„Irrtümlich geöffnet, um nachzugucken, was drinnen steht."

→ Schild am Gartenzaun:
„Warnung. Friedlicher Hund. Bissiger Besitzer."

Plakat in einer Kneipe:
„Die verehrten Gäste werden gebeten, sich im Lokal nur mit dem Mund und nicht mit den Fäusten zu unterhalten."

Schild in einem Sitzungszimmer:
„Wenn Sie schon rauchen müssen, dann atmen Sie wenigstens nicht aus."

Anschlag an der Tür eines Vortragssaales:
"Bitte um Ruhe. Hier findet ein Vortrag über Hellsehen statt. Bitte klopfen Sie nicht an. Man weiß, dass Sie da sind."

Notiz vor dem Waschbären-Gehege im Tiergarten:
"Die Besucher werden gebeten, die Waschbären nicht zu füttern. Der Direktor."
Darunter hat jemand mit der Hand geschrieben:
"Bitte achten Sie nicht auf diesen Unsinn. Der Waschbär."

Wasserrohrbruch bei Meiers. Das Wasser läuft schon die Wände herunter. Verzweifelt wartet Herr Meier auf den Klempner. Da gehen ihm die Zigaretten aus. Herr Meier schreibt einen Zettel und klebt ihn an die Tür. Darauf steht.
"Bin in fünf Minuten wieder zu Hause. Meier."
Als Herr Meier zurückkommt, hängt darunter ein zweiter Zettel. Darauf steht: *"Ich auch. Der Klempner."*

Notiz auf der Anschlagtafel in der Berufsschule:
"Ich bitte denjenigen, der sich vorige Woche mein Fahrrad im Hof ohne mein Wissen geliehen hat, das Fahrrad zurückzustellen."
Darunter hängt eine zweite Notiz.
"Geht leider nicht. Es wurde mir gestohlen."

Anschlag in einer Kneipe:
"An alle Gäste, die trinken, um zu vergessen. Bitte bezahlen Sie sofort."

Schild im Kaufhaus:

„Die Reklamationsabteilung befindet sich im siebten Stockwerk. Der Aufzug ist leider außer Betrieb."

Zeitungsinserat:

„Suche neues Heim für dreijährigen Schäferhund. Fast menschlich, aber sonst gut erzogen."

Schild im Zimmer eines Hotels:

„Die verehrten Gäste werden gebeten, im Bett nicht zu rauchen. Die Asche, die zu Boden fällt, könnte die eigene sein."

Schild in der Auslage eines Optikers:

„Wenn Sie diesen Text nicht lesen können, brauchen Sie eine neue Brille."

Schild an der Autobahn:

„Kraftfahrer, die Benzin sparen wollen, werden gebeten, den rechten Fuß zu heben."

Anschlag im Pausenraum:

„Wenn der Fußboden voll ist, kann man Abfälle auch in den Abfalleimer werfen."

Schild an der Tür des Tierarztes:

„Komme sofort wieder. Platz!"

Zettel an einem Weidezaun:
„An alle Wanderer, die glauben, die hundert Meter in zehn Sekunden laufen zu können: Mein Stier braucht nur neun Sekunden."

Am schwarzen Brett der Firma ist folgender Anschlag zu lesen: *„Was kann die Direktion tun, damit alle Mitarbeiter auch pünktlich mit dem Klingelzeichen die Arbeit aufnehmen?"* Darunter hat jemand geschrieben: *„Der Letzte, der kommt, soll klingeln!"*

Lieber Kies in der Tasche als Kalk im Hirn.

➤ Welcher Mangel ist am leichtesten zu ertragen?
   Der Lehrermangel.

Lieber Schule als überhaupt kein Schlaf.

➤ Lieber eine Sechs im Zeugnis als gar keine persönliche Note.

Lieber Mikrowelle als Dauerwelle.

➤ Lieber Rosinen im Kopf als ein Brett davor.

Lieber Pflaumengeist als gar keinen.

➤ Ich weiß, dass ich nichts weiß. Und nicht einmal da bin ich mir sicher.

Ein Lehrer ist jemand, der hilft, Probleme zu lösen, die man ohne ihn nicht hätte.

➤ Die Schule ist die Antwort. Aber was war die Frage?

Wer Ordnung hält, ist bloß zu faul zum Suchen.

Schild in der Autowerkstätte:
„Wer den Schaden hat, braucht für den Schrott nicht zu sorgen."

Der Lehrer gibt den Schülern im Zeichenunterricht
die Aufgabe, eine Wiese zu zeichnen, auf der eine Kuh
weidet. Der flotte Tommi liefert ein leeres Blatt ab.
Der Zeichenlehrer wundert sich: „Wo ist denn das Gras?"
„Das hat die Kuh gefressen!"
„Und wo ist die Kuh?"
„Die bleibt doch nicht da, wo kein Gras mehr ist!"

„Stefan, weißt du, wann Friedrich der Große
gestorben ist?"
„Ja, aber der ist nicht einfach gestorben, der ist
ermordet worden!"
„Woher hast du denn das?"
„Hier in meinem Geschichtsbuch steht es doch unter
dem Bild: Friedrich der Große auf dem Totenbett,
nach einem Stich von Menzel."

*„Ist deine große Schwester tatsächlich nach Australien
ausgewandert?", erkundigt sich der alte Lehrer bei
Kläuschen.*
*„Das hatte sie eigentlich vor, aber dann ist sie in Amerika
gelandet."*
„Ja, ja, Erdkunde war nie ihre Stärke!"

Der kleine Robert muss zur Strafe fünfzigmal schreiben: Ich soll meine Lehrerin nicht duzen.
Als er die Strafarbeit abgibt, fragt die Lehrerin erstaunt: „Warum hast du es denn hundertmal geschrieben?"
Der kleine Robert strahlt: „Weil du's bist, Frau Lehrerin!"

„Lieber Gott", betet Susi vor dem Schlafengehen, „mach bitte, dass Amsterdam die Hauptstadt von Brasilien wird! Ich habe das nämlich heute in der Erdkundeprobe geschrieben!"

Susi in der Rechenstunde: „Herr Lehrer, jetzt habe ich die Rechenaufgabe schon achtmal kontrolliert."
„Gut, Susi", lobt der Lehrer, „was hast du denn herausbekommen?"
„Wollen Sie alle acht Ergebnisse wissen?"

Die Lehrerin legt ihren Hut auf das Pult und fordert die Schüler auf, einen Aufsatz darüber zu schreiben. Darin soll der Hut so genau wie möglich beschrieben werden.
Nach einer Weile hebt Tobias den Finger und fragt: „Fräulein, schreibt man ‚schäbig' mit einem ‚b' oder mit zwei?"

Der Lehrer ärgerlich: „Ich hatte doch als Hausaufgabe einen Aufsatz von mindestens zwei Seiten zum Thema Milch aufgegeben. Aber unser Spezialist Martin gibt ganze zwei Zeilen ab! Was hast du dazu zu sagen, Martin?"
„Ich habe über Kondensmilch geschrieben!"

Die Maßeinheiten werden durchgenommen.
„Es gibt Millimeter, Dezimeter, Zentimeter ... Was noch?"
„Elfmeter", sagt Horst.

Schülervorstellung im Zirkus Fratelli. Die Dompteuse ist ein steiler Zahn. Mutig geht sie zu einem Löwen hin, fasst ihn bei den Ohren und gibt ihm einen Kuss.
„Na, wer traut sich das nachzumachen?", ruft dümmlich der Ansager ins Mikrofon.
Da arbeitet sich Ludwig, der Stärkste der Klasse, vor und sagt: „Ich mach's! Aber nehmen Sie vorher die Löwen fort!"

Seppl kommt zu spät zur Schule. Auf der Treppe trifft er den Rektor.
„Zehn Minuten zu spät!", sagt der Rektor streng.
„Ich auch!", sagt Seppl.

Bei Kaisers haben sie Zwillinge bekommen. Jochen erhält deshalb einen Tag schulfrei.
„Was hat der Lehrer gesagt, als er von den Zwillingen erfahren hat?", fragt Mutti.
„Vom zweiten Kind habe ich noch gar nichts gesagt. Das spare ich mir für den nächsten Monat auf!", sagt Jochen schlau.

Der dicke Professor Wannerl gibt Biologie.
„Welche Muskeln treten in Bewegung, wenn ich einen Dauerlauf mache?", fragt er.
„Die Lachmuskeln!", schallt es ihm aus der Klasse entgegen.

„Das gibt's doch nicht! Jetzt hast du die Prüfung zum zweiten Mal nicht bestanden! Unerhört so was!!!", tobt Papi.
„Was kann ich dafür, wenn diese bescheuerten Idioten genau die gleichen Fragen stellen wie im vorigen Jahr!"

„Nehmt eure Hausaufgabenhefte und schreibt auf: die letzten drei Aufgaben von Seite 109, dann die ganze Seite 110, die ersten zwölf Aufgaben Seite 111 …"
„… mein armer Papi!", seufzt da Sabinchen.

Die Lehrerin heiratet und verabschiedet sich von ihrer Klasse. Alles ist zu Tränen gerührt.
„Und wenn mir der Klapperstorch einmal ein Kindchen bringt, dann besucht ihr mich. Ja?", sagt sie.
Hans flüstert grinsend seinem Nachbarn zu:
„Mensch, die wird sich bald wundern …"

Bernie kommt von der Schule nach Hause.
Sein Vater fragt: „Was habt ihr heute gehabt?"
„Chemie."
„Und was habt ihr gelernt?"
„Wie man Sprengstoff herstellt."
„Und was habt ihr morgen in der Schule?"
„In welcher Schule?"

Es unterhalten sich zwei Mütter. Sagt die eine: „Meine Uschi erzählt zu Hause nichts von der Schule. Das finde ich sehr unangenehm."
„Seien Sie nur froh", sagt die andere. „Heidi erzählt mir alles. Seitdem kann ich keine Nacht mehr schlafen!"

Wochenlang erzählt der Pfarrer, wie der erste und der zweite Mensch erschaffen worden sind.
„Der traut sich doch bloß nicht zu erzählen, wie der dritte Mensch erschaffen wurde", sagt Uli.

„Sehen Sie, Herr Kollege", sagt ein Lehrer zum anderen. „Da lümmelt sich wieder die ganze elfte Klasse zum Fenster hinaus!"

„Unglaublich, unglaublich!", sagt der andere. „Und wenn dann einer hinunterfällt, dann will's wieder keiner gewesen sein!"

Toni will die Schule schwänzen. Aus diesem Grund hat er sich einen raffinierten Trick ausgedacht. Er ruft im Sekretariat an und tönt mit tiefer Stimme: „Der Toni kann heute wegen Krankheit die Schule nicht besuchen!"

„Wer ist denn am Apparat?", fragt die Sekretärin.

„Mein Vater", sagt Toni.

Bruchrechnen in der Schule: „Was erhalte ich, wenn ich eine Semmel durch zwei teile?"

„Zwei halbe Semmeln."

„Und wenn ich die halben Semmeln wieder teile?"

„Vier Viertel."

„Und was kriege ich, wenn ich die vier Viertel durch zweiunddreißig teile?"

„Semmelbrösel!"

„Was isst du da?"
„Kaugummi."
„Nimm ihn sofort aus dem Mund und wirf ihn weg!"
„Darf ich nicht."
„Warum nicht?"
„Den hat mir der Stefan geliehen!"

Jeden Morgen betritt die Lehrerin das Klassenzimmer und findet vor der Tafel eine kleine Pfütze vor. Nach einigen Tagen reißt ihr der Geduldsfaden: „Also, das geht nicht so weiter! Wir machen jetzt alle die Augen zu, und wer es war, der geht an die Tafel und wischt die Pfütze auf. Damit soll die Angelegenheit ein für alle Mal vergessen sein."
Alle schließen die Augen, man hört Schritte vor zur Tafel und kurz darauf wieder Schritte zurück. Alle schauen neugierig zur Tafel. Da sehen sie eine zweite Pfütze, und an der Tafel steht ganz groß: „Der unheimliche Pisser hat wieder zugeschlagen."

„Florian", fragt der Lehrer, „nenne mir einen griechischen Dichter."
„Achilles", antwortet Florian.
„Achilles war doch kein Dichter", tadelt der Lehrer.
„Aber er ist doch durch seine Ferse berühmt geworden!"

Der Pfarrer möchte seiner Klasse erklären, was ein Wunder ist.
"Stellt euch vor, einer steht auf dem Olympiaturm und fällt dann herunter. Er bleibt aber heil. Was ist das?"
"Schwein gehabt."
"Also gut. Dann sagen wir, der Mann fällt noch mal herunter, und wieder passiert ihm nichts. Was ist das dann?"
"Training."
"Ach, Unsinn! Nehmen wir also an, er fällt ein drittes Mal herunter, und wieder macht's ihm nichts. Was ist das dann?"
"Dann ist das ein Idiot. Wer fällt schon dreimal vom Olympiaturm!"

Jupp und Franzl müssen nachsitzen. „Zur Strafe schreibt jeder von euch hundertmal seinen Vor- und Nachnamen!", verlangt der Lehrer. „Und wer damit fertig ist, kann heimgehen!"
„Das ist total ungerecht!", beschwert sich der Franzl. „Ich heiße Franz Xaver Oberläuseldupfenberg, und der da nur Jupp Hain."

Robert kommt zwei Stunden zu spät in die Schule,
hat den Arm in der Schlinge und einen Verband
um den Kopf.
„Warum kommst du so spät?", fragt der gestrenge
Herr Studienrat Bockelmann.
„Entschuldigen Sie, ich bin vom zweiten Stock
unseres Hauses in den Garten gefallen."
„Papperlapapp!", sagt der Herr Studienrat.
„Das kann doch keine zwei Stunden gedauert haben!"

„Wolfgang, weißt du, was für ein Klima in Neuseeland herrscht?"
Wolfgang: „Ich denke, es wird dort frostig kalt sein."
Lehrer: „Falsch! Wie kommst du darauf?"
Wolfgang: „Das Lammfleisch, das wir von dort bekommen, ist immer tiefgefroren!"

„Du kannst doch die Leute nicht einfach mit Dreckwasser
bespritzen!", nimmt der erzürnte Vater seinen Sprössling
Thomas an den Ohren.
„Muss ich da warten, bis ich ein Auto habe?", will Thomas
wissen.

„Hast du deine Schulaufgaben ganz allein gemacht, Arno?", fragt der Lehrer.
„Ja, doch, ganz allein!", antwortet Arno.
„Wirklich ganz allein?", forscht der Lehrer weiter.
„Ja, wirklich!"
„Dann bist du ein Genie, Arno! Für so viele Fehler braucht man normalerweise mindestens fünf bis sechs Personen!"

„Na, Erna, wie ist denn diesmal dein Zeugnis ausgefallen?"
„Ist doch egal, Mutter. Hauptsache, wir sind alle gesund!"

Der Lehrer erklärt der Klasse: „Der Mond ist so groß, dass viele Millionen Menschen darauf Platz haben."
Werner kichert vor sich hin.
„Was gibt es da zu kichern?", will der Lehrer wissen.
„Ach, wissen Sie, ich stelle mir gerade das Gedränge vor, wenn Halbmond ist."

Die kleine Eva kommt aus der Schule und wird von der Mutter gefragt: „Wovon hat denn heute der Religionslehrer gesprochen, Evchen?"
„Hauptsächlich von Adam und mir."

Der kleine Tobias sitzt in der ersten Reihe und bohrt andächtig in der Nase.
Der Lehrer sieht es: „Pfui, Tobias, man bohrt doch nicht mit dem Finger in der Nase!"
Fragt Tobias: „Mit was dann?"

Der Lehrer erklärt den Schülern, was Elektrizität ist: „Wenn man eine Katze gegen den Strich streichelt, lädt sich das Fell auf, und es entsteht Elektrizität."
Meldet sich Achim: „Und wo kriegt das Elektrizitätswerk die vielen Katzen her?"

> „Betet ihr zu Hause auch immer vor dem Essen?", fragt der Religionslehrer den kleinen Tobi. „Nein, warum auch?", fragt dieser. „Meine Mutter kocht ganz gut."

Sabine wartet nach dem Unterricht auf den Lehrer.
„Herr Müller", fragt sie, „was haben wir denn heute alles durchgenommen?"
„Das solltest du eigentlich wissen, Sabine."
„Das stimmt schon, Herr Lehrer, aber mich interessiert es ja nicht; nur meine Mutter will es ganz genau wissen!"

Der Lehrer will wissen: „Schreibt man Eifersucht mit ‚f' oder mit ‚v'?"
„Das kommt ganz drauf an", meint Harald. „Wenn es heißt: ‚Mich plagt die Eifersucht', schreibt man es mit ‚f'. Wenn es aber heißt: ‚Ich habe das Ei versucht', dann schreibt man es mit ‚v'."

Peters Vater muss in die Elternsprechstunde kommen.
„Nun, etwas Positives kann ich Ihnen doch über Ihren Sohn mitteilen", sagt die Lehrerin zu Peters Vater.
„Oh, das freut mich, was ist es denn?"
„Er ist, ehrlich gesagt, ehrlich."
„Ja? Was hat er denn gesagt?"
„Dass er unehrlich ist."

Der Naturkundelehrer fragt nach der Wirkung von Kälte und Hitze.
Hans antwortet: „Hitze dehnt aus, Kälte zieht zusammen."
„Richtig. Nenne mir ein Beispiel!"
„Im Sommer sind die Tage länger, im Winter werden sie kürzer!"

Der Lehrer fragt: „Klaus, warum hast du gestern gefehlt?"
„Weiß ich nicht, Herr Lehrer, ich habe vergessen, die Entschuldigung zu lesen."

Andi muss bei der mündlichen Geschichtsprüfung nach vorne kommen.
„Wie heißt der Franzose, der erst General war und später Kaiser wurde?", will der Lehrer wissen.
Andi denkt eine Weile tief und angestrengt nach und sagt: „Es tut mir Leid, aber das weiß ich nicht."
„Napoleon!", ruft der Geschichtslehrer enttäuscht.
Andi dreht sich um und will wieder zurück auf seinen Platz gehen.
„Wo willst du denn hin?", wundert sich der Prüfer.
Entschuldigt sich Andi: „Verzeihung, ich dachte, Sie hätten schon den Nächsten aufgerufen!"

Susi kommt schon wieder zu spät in die Schule.
Der Lehrer fragt sie wütend: „Hast du denn keinen Wecker?"
„Doch, aber der läutet immer schon, wenn ich noch schlafe!"

Roland kommt von der Schule nach Hause und erzählt erleichtert seiner Mutter: „Da bin ich aber wirklich froh, dass ich nicht euer siebtes Kind bin. In der Schule haben wir heute gelernt, dass jeder siebte Mensch ein Chinese ist!"

„**Fritzchen**, hast du deine Geschichtshausaufgaben wirklich alleine gemacht?"

„Ja, Herr Lehrer, bloß bei der Ermordung von Julius Cäsar hat mir mein Vater ein bisschen geholfen!"

Olaf schreibt im Diktat das Wort „Tiger" klein.
Seufzt die Lehrerin: „Habe ich dir nicht schon zigmal erklärt: Alles, was man anfassen kann, wird groß geschrieben!"
Wundert sich Olaf: „Na, dann versuchen Sie mal, einen Tiger anzufassen!"

Am ersten Schultag fragt der Lehrer die Kinder nach ihren Namen.
„Ich heiße Sepp", sagt der Erste.
„Sepp? Das heißt Josef", verbessert der Lehrer.
„Hannes", sagt der Zweite.
„Das heißt Johannes. Und wie heißt du?", fragt er den Dritten.
Der antwortet: „Jokurt."

„Ist eure Lehrerin streng?"
„Streng ist gar kein Ausdruck. Die brüllt in Biologie sogar die Goldfische an, wenn sie nicht herschauen."

Im Naturkundeunterricht will der Lehrer den Schülern erklären, dass Reibung Wärme erzeugt. Um es recht anschaulich zu machen, sagt er zu den Kindern: „Reibt mal kräftig eure Hände aneinander. Na, was geschieht?"
Meldet sich Sebastian: „Das gibt lauter schwarze Krümel!"

Als der Schulrat ins Klassenzimmer kommt, ist Anne gerade an der Reihe: „… ich ist …"
Sie wird vom Schulrat unterbrochen: „Es heißt ‚ich bin' und nicht ‚ich ist'!"
Anne nickt gehorsam: „Ich bin ein persönliches Fürwort."

„Ich werde das nie kapieren! Warum soll ich Englisch lernen!", schimpft Andi.
„Überleg doch mal", sagt der Vater. „Die halbe Welt spricht Englisch!"
„Na und?", meint Andi. „Reicht das immer noch nicht?"

Udo kann dem Lehrer ein geliehenes Buch nicht zurückbringen. Er hat Halsschmerzen und liegt im Bett.
Sein Vater schreibt dem Lehrer eine Entschuldigung: „Leider kann mein Sohn Udo das Buch heute nicht zurückbringen – er hat es im Hals."